瞬発力の高め方

ジョーブログ
ジョー
CRAZY CHALLENGER JOE

sanctuary books

やりたいことを
散らかしまくると
点はやがて線になる。

オッスー!
ジョーです!

この本は、シンプルに
おのれの欲求を
たたき起こすための本や。

自分の欲求。
ちゃんと聞いてあげてる？
適当にごまかそうとしてない？

どれだけ周囲が反対しようが、
お金がなかろうが、
向かう相手が悪かろうが、
行く場所が過酷だろうが、
自分の欲求だけは、裏切ったらあかん。

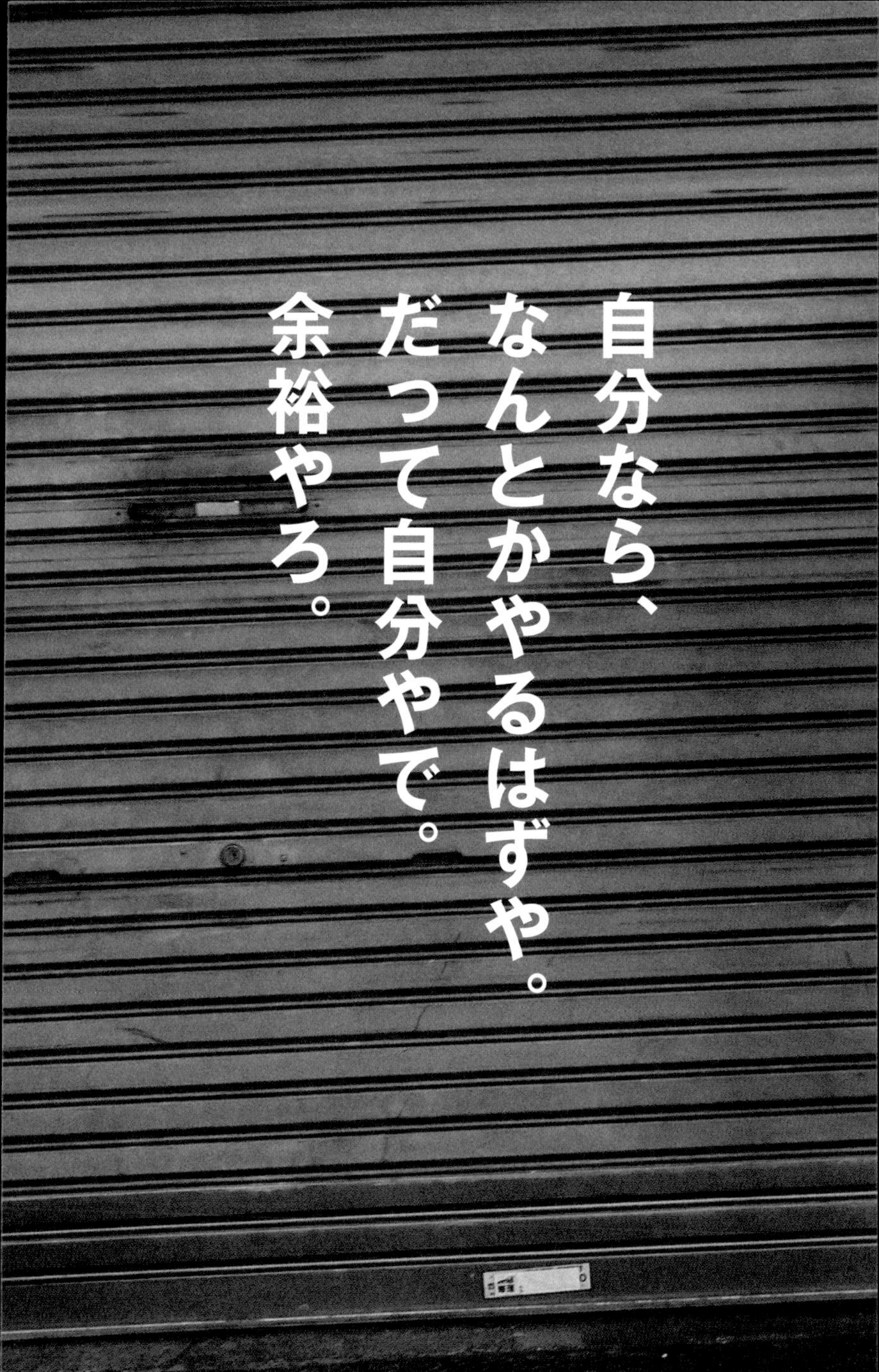
自分なら、
なんとかやるはずや。
だって自分やで。
余裕やろ。

物事を変える勇気
実現まであきらめない根性
短期間で身につける技術や知識

どれも「やれ」
という内なる声に従い、
愚直に「やる」を連発した
結果にすぎない。

目的なんて
いらん。

予測のつかない先行きのために、
行動を限定する必要なんて
まったくない。

やってみたい。
不安感もワクワク感も
ごちゃまぜのまま、
まっすぐ行動にうつしてまえ。

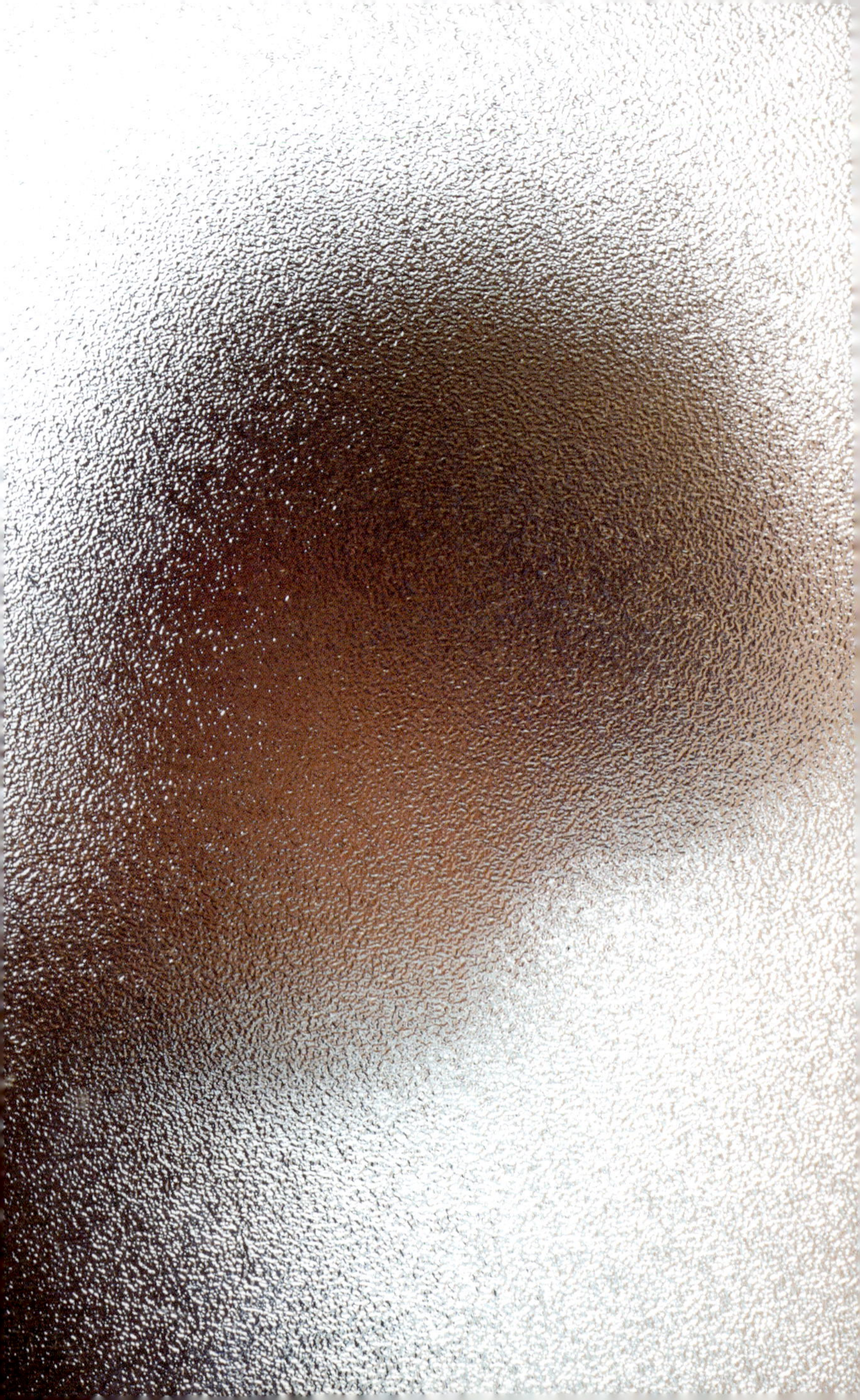

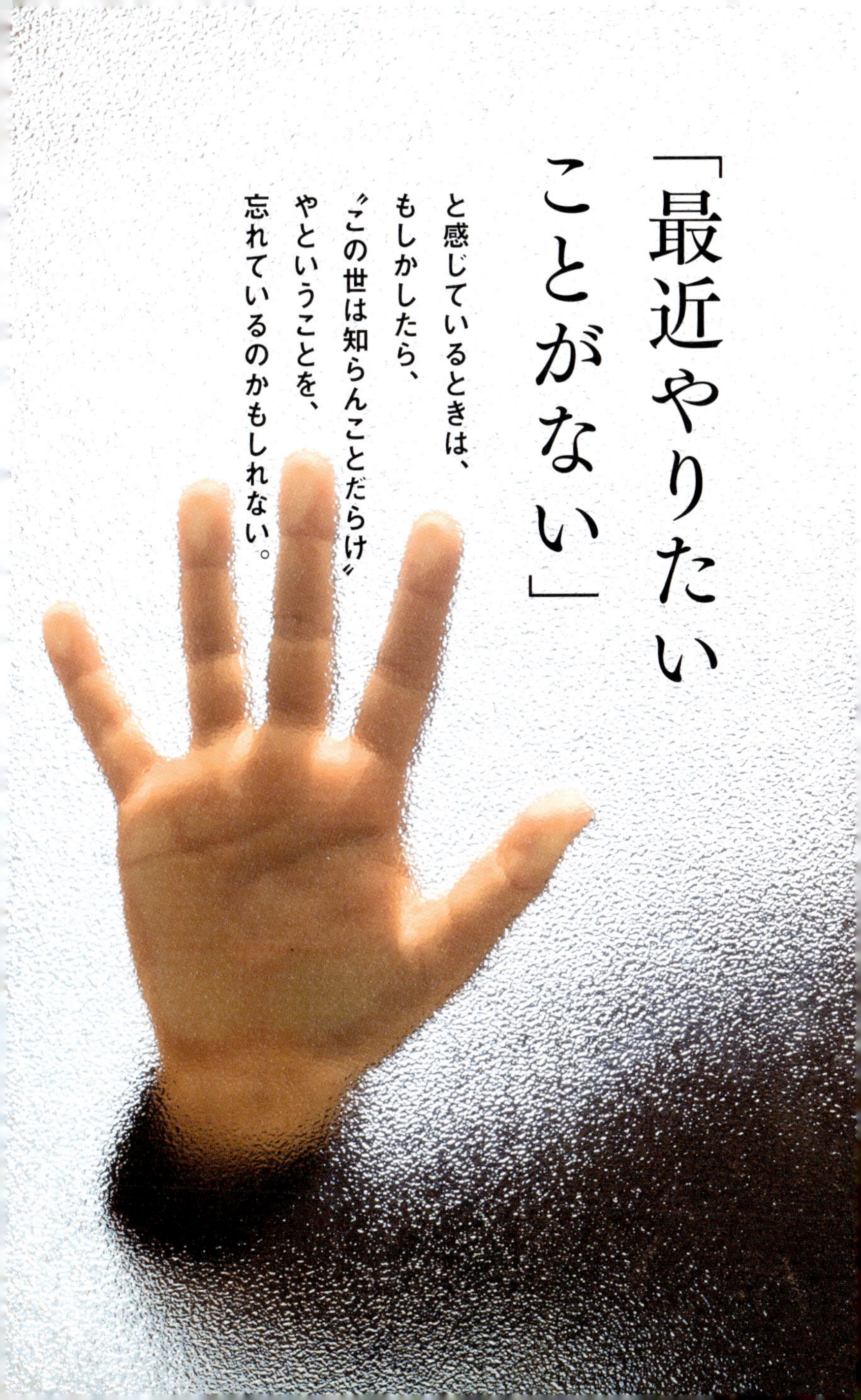

「最近やりたい
ことがない」

と感じているときは、
もしかしたら、
〝この世は知らんことだらけ〟
やということを、
忘れているのかもしれない。

行ったことない場所、会ったことない人、
食べたことない物、
見たことない作品、体験したことない遊び、
……未知のことは星の数。

その中から
〝自分に合いそうなもの〟
ばかり選んでたら、
あまりにももったいない。

人生を楽しむためには
知らないことは
なんでもかんでも
飲み込んでやろう！
というテンションで、
やり散らかしまくること。

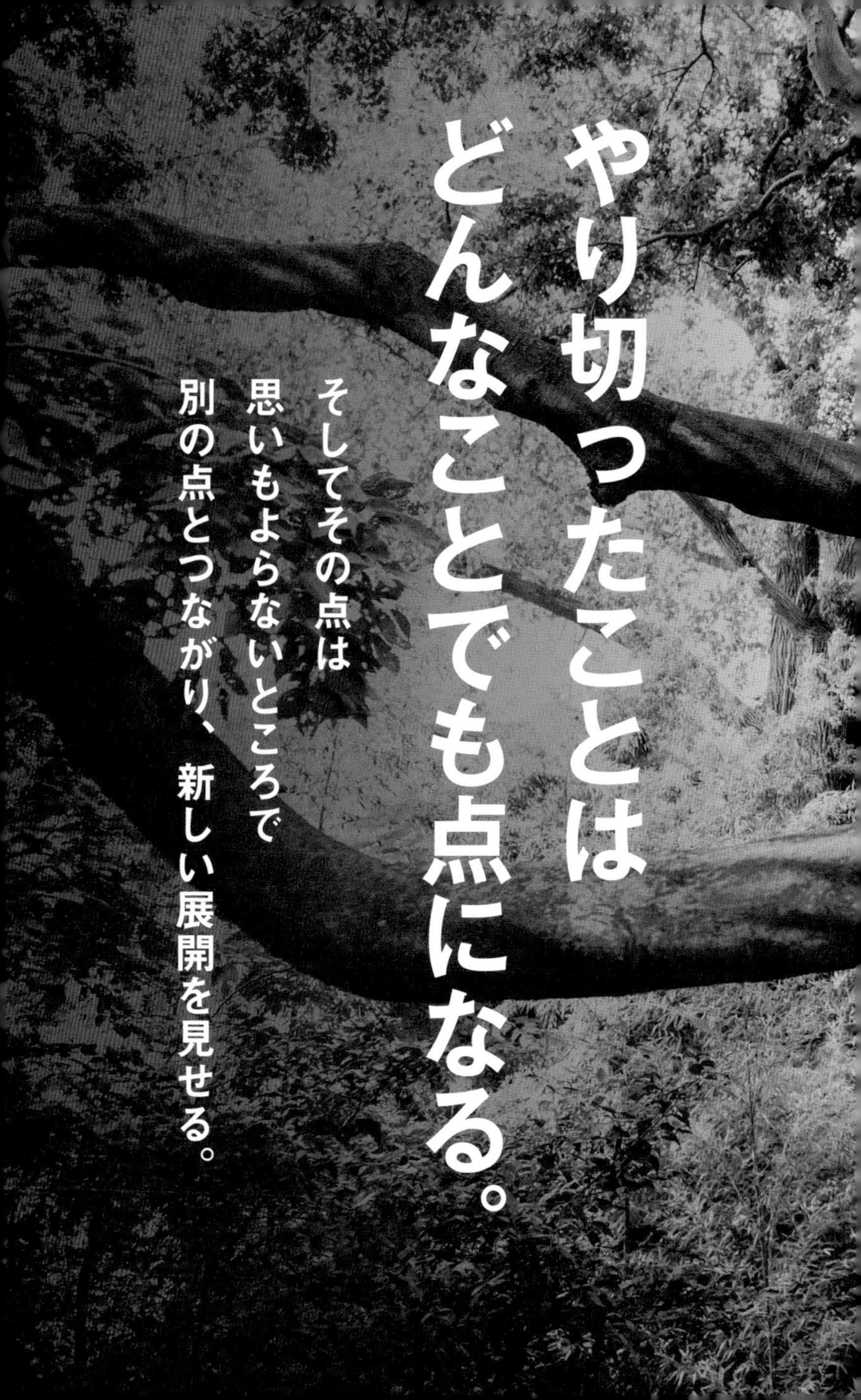

やり切ったことは
どんなことでも点になる。

そしてその点は
思いもよらないところで
別の点とつながり、新しい展開を見せる。

最強のライバルは子どもの頃の自分。

「面白そう！」という感覚だけで
いかに素早くアクションを
起こせるかどうか。

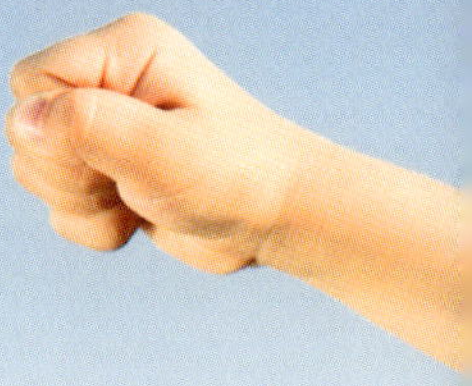

やりたいことは、やればやるほどエスカレートする。

やったら一体どうなるのか？
予想がつかなければつかないほど
やりたくなってくる。

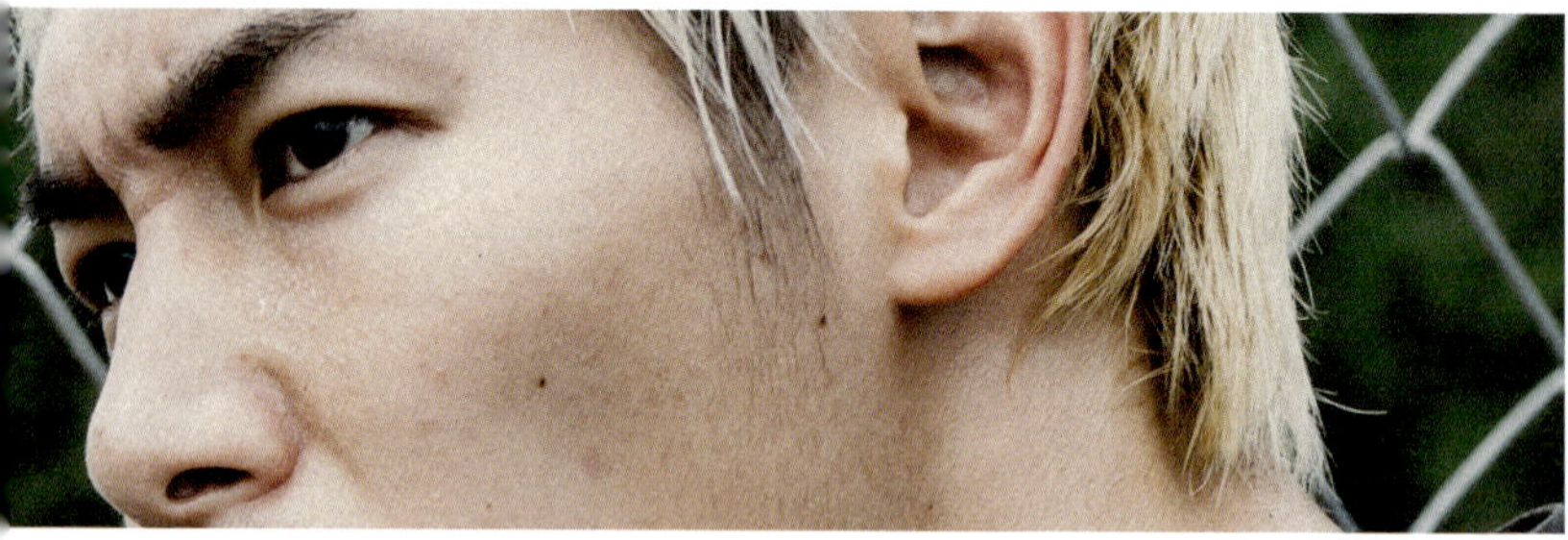

【ヤクザに突撃!?】
右翼街宣車をヒッチハイク!

元暴走族の総長にガチの
喧嘩を申し込んでみた。

【初出演!!】
EXILEのATSUSHIさんと
大阪の街で飲み歩きしてみた。

【終焉】
アメリカ0円横断達成!!!

YouTube

【亀田興毅に勝ったら1000万円】
亀田さんと本気の死闘を
しました。

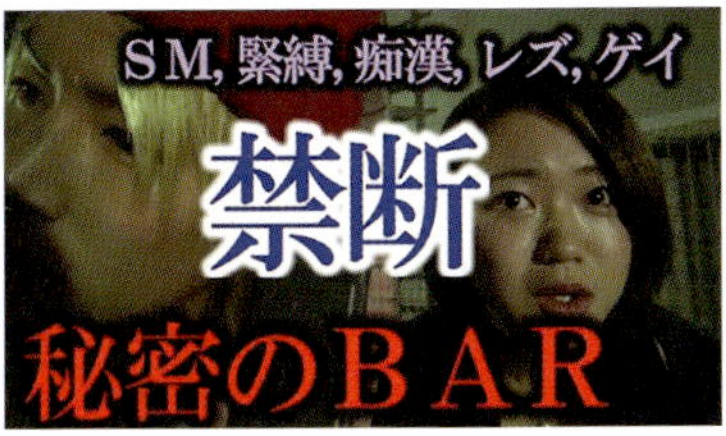

【秘密公開】カップルが
エ○チするハプニングバーに
行ってみた。

絶対にとれない!?
ぼったくりゲームセンターの
クレーンゲームの詐欺手口を
公開します！

【南米縦断最終章】
命がけの旅！ 感動のゴール！

本当にやりたいことを
本当にやりまくる人間は、
はじめはバカにされるやろう。
でも負けずに続けていると、
だんだん応援の声を集めるようになる。

世間というのは
厳しいように見えて

実はがむしゃらな
人間に対しては
めちゃくちゃ、
やさしい。

おれは何者でもなかった。
飛び抜けた才能もなく、
人見知りなのに、
孤独になるのが怖い、
ただの小心者の若者やった。

そんなおれがどんな想いで
欲求を一つひとつ形にして、
〝金髪の革命児・ジョー〟になれたのか。
一歩を踏み出せない人に、
周囲に流されがちな人に、
そして他ならぬ自分自身に向けて、
ぶちまけてみた。

もちろん誰にも、
おれの想いを知ったところで、
おれのマネはできない。
おれ自身も、
ジョーをきわめている最中やからな。

だが自分の欲求に従い
自分をきわめていけば、
誰でもすごい人物になれる。

そいつに負けないためにも、
おれはもっと
素直でいたい
正直でいたい
ジョーの名前を轟かせたい。

KEEP ON CHALLENGING...

CRAZY CHALLENGER JOE

CONTENTS

瞬発力の高め方

CHAPTER 1
GO CRAZY
自分を狂わせる

CHAPTER 2
DO IT ALONE
自分を孤立させる

CHAPTER 5 STAND IN A CORNER
自分を追い込む

CHAPTER 6 I LOVE MYSELF
自分を愛する

KEEP ON CHALLENGING...
CRAZY CHALLENGER JOE

CHAPTER 1 GO CRAZY

自分を狂わせる

CRAZY CHALLENGER JOE

WORDS 01

最前列の欲求を実行する。

「何をめざしてる？」「何者になりたい？」
と聞かれて、
即答できるような
人生は古い。

別になくてもええやろ。

「夢」とか「目標」っていう言葉はきれいやな。
でも世の中にあふれまくってて、
ちょっと億劫になってる人もおるやろうな。

明日ハンバーガー食べたい！
面白そうな映画がやってるから、見よう！
それでもええやんけ。

ちっちゃな、
いろいろ散らばってるもんを、一つひとつ楽しむ。
本とかテレビとか見て
この場所行きたいな、あれ食べてみたいな、
という自分の欲求をちゃんと聞いてあげることの方が大事やと思う。

そして実際に叶えてあげることの方が大事。

人には無限の感情がある。
言うこと、思うこと、やることに矛盾があって当然。
「これが自分だ」というものを
見つけたとしても、それはきっと錯覚やと思う。
価値観は変わっていくもの。
もっと言えば
「価値観を変えていく」ことで人は成長するもの。

だからおれは、こうだと決めつけない。
知らないものに触れて、影響を受けて、
変わり続けたい。

なりふりかまわず、でためにに。知るか。

5年後10年後の自分は、どうなっていますか？
どんなことをしていますか？

そんなことは、そのときのおれが決めることや。
少なくとも今よりかは、かっこよくなってるやろうな。

自分にかけたしょうもない期待を、まず自分から裏切ってしまう。

CRAZY CHALLENGER JOE

WORDS 02

にわか仕込みで着手する。

行動のともなわない
準備とか計画とか
ブランディングとか、
マジで
FUCK YOU。

どうやってやろう？
なんて小利口に考え込むくらいなら、ノーコンで乱射した方がマシ。

おれはユーチューブという舞台で
なんか面白おかしいことをやってやろうと
意気込んだけど、なんにもいいアイディアが思いつかなくて、
〝かっこいい自転車の乗り方〟というクソ動画を苦しまぎれにあげた。
あのクソ動画マジでほんま、みんな見てほしいわ。
あれくらいのクソ動画あげて
そっから一個一個なんとか試行錯誤しながら、
やっていったんやなと笑ってほしい。

おれもユーチューブはじめるときって、
こんなのやる意味あるんか？
ユーチューバーって響きダサいやん、とか思ってた。

けど、
クソ動画をあげてるうちに、だんだんハマってきた。
なにがハマるかわからないけど、何事もハマったら勝ちやな。
うまくいかないことすらも心地よくなってくる。

へたくそでもぶかっこうでも
テキトウでもいいから、
「まず出す」ことを癖にした方がええんやな。

少なくともおれは、
とりあえず未完成のまま表現してみて
後悔したことは一度もない。

やってみて「ちゃうな」と思ったら、呼吸するかのごとく
さらっと、やめてしまったらええ。
そしてまた、違うことをはじめればええんちゃう？

「ちゃうな」という感触を得たからこそ、
その感触が次につながっていくんや。

やったりやめたりをくり返して
まわりからバカにされたって別にかまへんやろう。
気にすんな。自分という物語のただの１ページや。

明日やろうはクソやろう。
へたくそでも手を出す。

CRAZY CHALLENGER JOE

WORDS

03

できるかどうか自分を使って実験する。

やりたいことが「温泉旅行」しか思いつかないやつはもはや病気や。

自分で選択して、

おれはずっと勘違いしている。
自分にはなんでもできる才能があると思っている。
どうやったらそんな自信家になれるかと聞かれたら、
それはありふれたことかもしれへんけど、
やっぱり
「自分でできることを、どれだけ増やせるか？」
やと思う。

遊びでも仕事でもなんでも
ちょっと興味の持ったことを
自分にもできないかどうか、試してみる。

決断して、やってみる。

それに尽きるということや。
達成までのストーリーを描く。起承転結をつける。
準備を整え、実行にうつす。
おれはその一連のチャレンジのことを〝企画〟と呼んでいる。
どんどんやりたい企画を試してみて、
できた！っていう感覚を増やしていくことができたら、
誰でも「天才かもしれへん……」になれると思う。

その自信というものさえ手に入れれば、
そこらへんをただぶらぶら散歩したときにも、
「さあ、この俺様になにをやらせたいんや？」
という王様視点で、街を観察することができるし、なんでもできそうな、遊びに限界がない感覚でいつもいられる。
これが正常。
おれには遊びのメニューが無数にある。

なんでも、やりたいことをやってよし。
そう言われて、
「温泉旅行」くらいしか思いつかないやつは
正直いってやばい状態やと思う。

チャレンジは今すぐ0円でできる。

実際、タダでできることの方が多い。

ヒッチハイク、ナンパ、会いたい人に会うこと。
大きな夢を語る前に、
まずは自分の「試してみたい」という欲求を叶えてくれ。

ただし、〝誰かと一緒に〟っていうのは自信にはならない。

一人になったときに、人はビクビクする。
そのビクビクを乗り越えてこそ、自信が生まれるからや。

おれの最初の一歩は、
誰にすすめられることもなく
自分自身の決断として、ボクシングのジムの門を叩いたことやった。
まわりにやってるやつが誰もおらん、
なんの予備知識もない中の小さなチャレンジやったが、

あのビクビクを乗り越えて以来、
ビクビクがワクワクに変わるようになった。
あなただったら、なにをやりますか？

生きる糧を得るつもりで、
「できること」を貪り集める。

CRAZY CHALLENGER JOE

WORDS 04

手当たり次第に飛び入り参加する。

やりたいことを
やり散らかしていれば、
いずれ点と点が線でつながる。

やりたいことをやっていると
めっちゃ周囲から言われることがある。
それは
「結局なんになりたい？」
「めざしてるゴールはなんなの？」
「一本にしぼれよ」
みたいなこと。

これは日本人特有の考え、
一本の軸で立っとかなあかんという
昔のお侍さんの考えや。

人は他人の人生をなんでもかんでも一本化したがるが大きなお世話。

なぜなら、人にはふたつの型があると思うから。
ひとつはイチローとか本田圭佑みたいに
小さい頃から自分の大好きなことがわかっていて
それをコツコツ練習して、結果を積み上げていく目標達成型。

もうひとつは、おれのような展開型。
目の前に現れる欲求、
行ってみたい場所、食べてみたい料理、
会ってみたい人物、読んでみたい本……
小さな点が星みたいにいっぱいあって、
それらを一個一個拾いまくることにより、
人生をどんどん枝分かれさせていく。
星と星は必ずつながる。
後ろを振り返ってみれば、ストーリーは一本になっている。

おれは展開型。

ほとんどの人らが
目標達成型をめざすべきだと思いこんで、
本当は展開型なんやないかと思う。

もともとやりたいこととか
自分のゴールとか、自分は何者だっていうことが
わかってる人って、そうそういないはずや。
自分のなりたい像もふわっとしてて当然。

老人になって、最終的に死ぬときに
なにを思うのかなんて誰にも想像もできへん。

興味を持ったことに触れてみる。

めざすは目の前の小さい星。
それだけ。

いちいち毒味なんてせず、目の前のエサに喰らいつく。

CRAZY CHALLENGER JOE

WORDS 05

リターンを無視して熱中する。

ベストを尽くす！
全力を出す！
でないと終わったあと
後悔するからな。
妥協したら、心に変なもんが残る。

何事も徹底的にやる。
ベタやけど、答えはやり切った先にしかないから。
やる前から、判断したり絶対しない。
失敗するってわかっててもやる。

中学のとき運動会のかけっこで、
欠席者が多かったのか、たった一人で走ることになったやつがいた。
でもそいつ本気で走って。
見たら歯食いしばるくらいガチの顔やねん。
誰も相手おらんのに。
みんな大爆笑してたわ。ゲラゲラ笑ってた。
そのとき、おれは思った。
こいつは、なんてかっこええやつなんやと。
あまりのかっこよさに、鳥肌が立って、泣きそうやった。

あの光景が、今でもずっと目に焼き付いている。
今、なにをすべきか。それをなんのためにしているのか。
そんなことは、正直どうでもええと思った。

大切なことは、他やまわりのことが気にならないくらい、目の前のことに集中すること、没頭すること。

没頭できたら、それだけでもう成功者なんや。
没頭している時間ほど美しく、幸福を与えてくれるものはない。

…………

やると決めたら、やらなきゃ殺される覚悟でやる。

CRAZY CHALLENGER JOE

JOE's LIFE STORY

1

他人ではなく
自分の目線で探せば
自分の居場所は見つかる。

朝起きると、あるはずの小さなテレビがなくなっていた。

おかしいなと思いながら、いつものように幼稚園へ行って、保母さんと歌をうたい、お昼ごはんを食べて、友だちと遊んで、いつもと同じ一日だったけど、お迎えの時間になってもオカンがこなかった。

幼稚園に一人残され、あたりが暗くなった頃、汚れた作業着姿のオトンが現れた。

「遅くなった。悪い敵と戦ってたんや」

その日から、幼稚園のお迎えはオトンに変わった。

休みの日は妹とふたりで過ごした。

食事はいつもカップラーメンとお茶漬けで、隣の親切なばあちゃんに教えてもらいながら、毎日、兄妹で皿を洗ったり、洗濯したりした。

隣のばあちゃんはときどき夕飯も作りにきてくれて、オカンのいない家を気遣ってくれたが、あるときから家にこなくなり、あとで近所のおっちゃんから「お星様になった」と教えられた。

いつか、おれと妹だけになるんやな。

小さな部屋は宇宙のように広く感じられた。

寂しくて、泣いて、孤独を恐れる子どもになった。

誰かに嫌われることが、極端に怖かった。


嫌われたくないばっかりに、あるとき友だちの万引きに、おれも付き合った。

あっさり店員につかまって警察に突き出されたけど、ちゃんと付き合ったから、友だちには嫌われないだろうと、ほっとしていた。


その日の夜中、痛みで飛び起きると、仕事を終えて帰宅した鬼の顔のオトンに、無言で何度もなぐられた。

気を失うまで、なぐられた。

目が覚めたら、まわりは血だらけやった。

翌日万引きした店に行って、オトンの大事なお金が、欲しくもないおもちゃのために支払われた瞬間、おれは大声で泣いた。

なんのために謝っているのかよくわからなかったが、ごめんなさい、ごめんなさいと叫び続けた。


その頃からオトンは、若いオネイチャンを家に連れてくるようになった。

そのオネイチャンのことを「お母さんと呼べ」と言われたが、おれはオネイチャンとうまく会話することができなくて、それが気に食わないのかオトンは酒癖が悪くなり、毎晩オネイチャンと喧嘩するようになった。


喧嘩に耳をふさぎ、毎朝、起きるのが辛かった。

平凡で幸せな家庭がうらやましかった。

よその家と、自分の家を比べては、落ち込んだ。

もうここから逃げ出したいと毎日祈った。

そんなおれの様子を見ていたオネイチャンがある日こう言った。
「あんたのしたいこと、したらええやん」

あんたの幸せは、あんたにしかわからない。
あんたは、あんたのまんまでええねん。
みんなに無理やり合わせようとせんでええ。
幸せを感じる瞬間、場所は、人それぞれや。
人の目線じゃなくて、自分目線で見てみ。
目の前のちょっとしたことを大切にしてみ。
大切にしたいことに、本気で向き合ってみ。
いつか、あんただけの居場所につながるから。

そう言われて、おれは生まれてはじめて気づいた。
おれには、おれの人生があるんやと。

オネイチャンは毎日、おれの汚れた服を笑顔で洗ってくれた。

毎朝弁当を作ってくれたし、夜は色とりどりの夕食を作ってくれた。

血はつながっていないけれど、オネイチャンにとっては、オネイチャンの目線で見つけた居場所が、この家なんやろう。

そして、オネイチャンは、自分が見つけた居場所と本気で向き合ってくれてたんやろうと思う。


…………

流されそうになったときは、
自分の思ったやり方で泳ぐ。

KEEP ON CHALLENGING...
CRAZY CHALLENGER JOE

CHAPTER 2 DO IT ALONE

自分を孤立させる

CRAZY CHALLENGER JOE

WORDS 06

未開拓の分野に突撃する。

誰もいないドブ川に飛び込めば
あっという間に個性的になれる。

自分には飛び抜けた個性がない。
小さい頃からなにやらせても
〝そこそこ〟で、
一番だと誇れるものはなんにもない。

おれもそうや。
ただおれは「平凡じゃない」。
そう断言できるのは
おれは小さい頃から誰とも争わない、
誰もいない世界で自分と勝負し続けているから。

そこに自分の意思や主体性がなく、
「みんなやってるから、やってる」ことで
勝負はしない。
昔からそうやった。

他の誰でもない、
おれはおれ自身になりたかった。

単純に人と違うことをしまくった方がいいと
直感で思って、あまり深く考えずに、
誰もいない川に飛び込み続けた。

なぜなら、教科書に出てくる偉人たちも
そうしていたはずだろうから。

まわりを見渡しても、やってるのは自分しかいない。
知っているのは自分くらいしかいない。
そういう世界に飛び込むと、
自分ががんばれば、がんばっただけ報われるし、
ずっと一番みたいな感覚でいられる。

孤独はいや？おれは孤独が大好きや。

偉人たちの多くはきっと、この感覚を求め続けていたのやとおれは思っている。

孤独を感じていると〝繊細な自分〟と会えるから。
ふだんのおれとは違う目線を持っている。
そいつと何度も対話することが、感性を磨くことだと思ってる。

自分の話も聞けないやつが、個性なんか出せるか。

…………

手付かずの場所を見つけたら、迷わず耕してまえ。

CRAZY CHALLENGER JOE

WORDS 07

「企画は極端」を徹底する。

他のやつらが
絶対やらないことをあえてやれば
チャレンジの価値ははね上がる。

ワクワクのもとは企画力や。行動力を上げるためには、ただ〝オモロイこと〟さえ思いつけばいい。

次にどんなことをしたいか？　おれは悩んだことがない。
子どもの頃は誰でもそうやと思うが、
おれはイタズラや危なっかしいことが徹底的に好きで、
いまだにその感覚で、世間を見ているからや。
思いつかない、という人は、
うまくやろうと考えすぎなんじゃない？

出るクイは打たれるっていうけど、
面白いこと＝出るクイであって、
出るクイになることを、まじめに考えてもしゃあないやろ。

自分はもちろん、みんなでワクワクできるようなアイディアは
ぶっ飛んだこと、人が普通やらないこと、
怒られそうなこと、やってはいけないことの中に、
いっぱいヒントが隠されている。

ただ、
〝人が普通やらないこと〟をやる。
ということは
〝人が普通やってること〟を、まず知らないといけない。
その点は、芸人さんとたぶん同じやけども、

街を歩くとき、人に会うとき
〝人が普通やってること〟を見つけて、
なんか、それをオモロイ感じにできないかを考える。

伝説作る気持ちでいこう。

簡単に言ってしまうと、
〝人が普通やってること〟の
「やりすぎ」か「裏を狙う」と
ワクワクするアイディアに化けやすい。

ピンポンダッシュするなら（やってはいけないが）
1000軒押して回るか、逆にとっ捕まえる側に回るか。

これは単なるたとえ話やけど、
せっかくピンポンダッシュという企画で盛り上がったなら、
普通にチャイム鳴らして、
逃げて、喜んでる場合ちゃうで。
ピンポンダッシュ1000軒達成の記録を樹立したり（やりすぎる）

逆に常習犯をとっ捕まえて説教する側に回ったり（裏を狙う）して、
伝説を作ったらどうや。
良い子はやったらあかんぞ。

何事も〝予定調和〟に
中指を突き立てるところからはじめる。

CRAZY CHALLENGER JOE

WORDS

08

反対意見は感謝して吸収する。

まわりの意見の9割は、
テキトウで無害。

南米を旅したとき、ハエがめちゃおった。
ずっと自分のまわりでいっぱいブンブン飛んでるから
気になるねんけど、ほっとったら
そのうち慣れてきて気にならなくなった。
ハエなんてほっといても、刺したり噛んだりせえへん。

まわりの反対意見もそんなもんちゃう？
うるさいけど、別にどうってことない。

まわりの意見を素直に聞くのもいい。
ただ、最後に決めるのは自分自身や。
まわりと同じものばかり選んでいたら、
だんだん、まわりと同じような人間になる。

そしてきっと心の奥底では
こんなはずじゃなかった。
このままはいやだ。なにかやりたい。
ってずーっと思い続けながら、そのまま死んでいくことになる。

仲間や家族の意見ならば、
大事にしたくもなるやろう。

でも何歳になっても変わらん。
最終的に自分がどうするかを
決めるのは自分や。

まわりの意見なんて結局、天気のようにころころ変わるねんから。
自分が「いける」と思ったら、いくべきやと思う。

「危ないからやめろ」「心配をかけるな」
なんて言われても、冒険心が湧くだけやろ。

…………

間違いも個性。
自分の頭で判断し、盛大に間違える。

CRAZY CHALLENGER JOE
WORDS
09

新しい標的を探しに町を徘徊する。

やりたいことが見つからないときほどワクワクするときはない。

「夢中になれることが見つけられない」
というやつは、
見つけようとしてないんやないか。

おれだってそうや。
おれも、あふれる欲求にまかせて、
ずーっと走りっぱなしというわけやない。

企んでることも、やりたいことも、
ふわっと「ないな」と思う時期だってある。

メモ帳にばーっと書かれた
やりたいことリストも、
書いた当日と、現在とでは感情が変わって、
あれ？　これ、本当に自分がやりたいことなのか？

と首をかしげることもある。

そもそものやりたいことが
なぜやりたいのかが、よくわからなくなる。
方向性が変わってしまっていることに気づく瞬間や。

そういう時期がやってきたら最高。
めっちゃ楽しい。

おれは速攻で感情をリセットして
ぶらぶら散歩したり、喫茶店でぼーっとしたり、
本屋に立ち寄ったり、ネット見たり映画見たりしながら、
1日、2日、3日。
これからなにをやらかそうか。
自分と対面する時間をごっそり作ることにしている。

やりたいことがないから楽しくない、
というよりも、
「やりたいことを探す」
という行為自体が、ワクワクしてしゃあない。

欲求は、盗むものや。
こんなふうに考えてんのか。
こうやって表現してるんや。
自分だったらどうやろうかな。
いままでの常識にはない発想を、

実際に行動にうつしている先人たちの考え方から
新しい欲求を盗み取り、自分のものにするんや。

盗む対象は、人間だけやない。
本や映画、風景、音楽、だけでもない。
どこかの店に入っても、この内装で、こういう立地で、
これくらいの規模で、メニューがこれやったら、
お客さんは一回の来店につきこれくらい落とすやろう、とか考えられる。
そこらへんに落ちてるただのゴミだって、
もしかしたら、自分の人生になにか影響を与えてくれるかもしれへん。

大事なことは、
そのメッセージをいつでも感じられるように
感情の扉を開きっぱなしにしておくこと。
よく笑い、よく泣くことや。

意識を外の世界に放り出し、
好奇心をたたき起こす。

CRAZY CHALLENGER JOE

WORDS 10

感覚を鈍らせるものを排除する。

用意された快楽を味わう
豚になると、
一生豚のままになる。

何事にも熱くなれない。
そういう人は欲望が散らかっているのかもしれない。

欲望を大きく育てる一番簡単な方法は、〝ベタな欲望〟をごっそり捨ててみること。

おれはボクシングのために、酒もタバコもやめた。
いつもの友だちの誘いも断った。
それ以上に実現したいことがあったからや。

そこまでしてでも、本気になりたいことがあったんや。

そうしたら、自分でも驚くくらい目の前のことに集中できた。
なにかを選ぶということは、なにかを捨てるということ。

たいていのモノはいらん。

いい服を着たい、いい部屋に住みたい、おいしいものを食べたい。
たくさん得ようとしすぎやで。
もらえるものならもらえばええし、
たいして欲しくないものを無理して求めんでもええ。

誰かに欲しがらされているだけやで。
そこに気づくと思考はシンプルになり、
新しいものに、知らないものに出会いたくなる。

イベントに参加したいとか、行ったことのない場所に出かけたいとか、
会ったことのない人と会いたいとか、そういう気持ちがあふれてくる。

知らない世界に自分をほりこんだら、勝手に自分も面白くなってくる説。

今日、知らんものと出会う。
出会えたらそれだけで最高の一日になる。

自分にはなにが合ってるか
なにが向いているかなんて気にせんでええ。
大事なのは「なにができそうか」よりも、「なにが気になっているか」。
興味を持った時点で、それは立派な才能。
好奇心を全開にして、やってみたらええねん。迷わず。全部。

その中で、全力で打ち込めるものを一つでも見つけたら
その瞬間から、ほんまの成功者や。

使っていない財産は、
すべて経験のために使い切る。

CRAZY CHALLENGER JOE

JOE's LIFE STORY

2

自分に足りないものが、強烈な個性を生み出す。

普通の人生はいやだ。

誰からもしばられず、自分らしくいられる場所を見つけたい。

若者なら誰しも抱く、自由への憧れ。

それは、オトンの管理下に置かれた厳しい生活の中で、人一倍、強烈なものになった。


そして突然、おれは出会った。

汗だくになり、険しい表情を見せながら、激しくぶつかりあう男たち。

ブラウン管の中に、おれがなりたい姿があった。


翌日、おれはボクシングジムの前にいた。

そこははじめて見つけた、自分が行きたい場所であり、自分ひとりの決断で選び、自分ひとりで門を叩いた場所だった。

おれはようやく「自分」と出会えた気がした。

ボクシングをはじめるとすぐ、マンガの主人公にちなみ、バイト先の先輩から「ジョー」と呼ばれるようになった。

はじめはベタすぎて嫌やったが、すぐに気にならなくなった。

朝2時半に起きて、5時まで新聞配達。

日の出と同時に大阪城公園でシャドーボクシングをしながら10キロランニングして、8時半に学校に行き、睡魔に負けるという生活は正直苦しかった。

やけど、生きているという感触が確かにあった。


ボクシングに打ち込む生活の中で、おれは片腕のボクサーと出会う。

会った瞬間、鳥肌が立った。

なぜなら彼のシャドーボクシングは両手以上の手数を、左手一本で打っていたから。

彼とスパーリングしたことはずっと忘れない。

あいさつがわりにジャブを軽く放ったら、相手はそれを強く払い、瞬時に2発のジャブを返してきたんや。

さらに突進を許して、速射砲のようなパンチを受けた。

そのパンチを両手で受け止めた瞬間、これは本気を出さないと負けると焦った。

距離を取ってコンビネーションを返すと、どちらも一本の腕でいなされ、反対にラッシュをくらった。
強烈なラッシュ。一発一発が自信に満ちていた。
太い左腕から繰り出されるジャブが、ストレートのようにズドンと重い。
終了のゴングが鳴ったとき、おれは噛み締めていた。

人間に優劣というものはない。
あるのは違いと個性だけであり、人はなにかを失った分、必ず与えられるものがある。
そして神様は「努力するものにはチャンスを与える」という人類共通ルールを作った。
もちろん努力すれば、必ず報われるわけではない。
だが誰でも本気になれば、常識や統計を覆すような奇跡も起こるということだ。

……………

コンプレックスを燃料にして、
自分の長所を爆発させる。

KEEP ON CHALLENGING...
CRAZY CHALLENGER JOE

CHAPTER 3 TO CHALLENGE

自分を試す

CRAZY CHALLENGER JOE

WORDS 11

自分のルールを定期的に解除する。

明日のことなんてわからない。
ただ、今日が楽しければ
明日がくるのが
もっと楽しみになる。

生活が安定よりも、心の安定。

今やりたいことを、今やりまくる!
それで将来どうなるのか。生きていけるのか。

その不安はまったくの幻想やと思う。

生活を安定させるために、
自分のやりたいことをすべておさえつけ、
その結果、ずっと暗い気持ちをキープし、
本当に死のうと思っているやつもおる。

「いまはガマンのとき」とか、
どこのアホが考えたフレーズや?
ガマンばっかりしてたら、だんだん視野が狭なってくるで。

老後に楽するためにいくらガマンを続けても、
これからの人生、面白くなる気が失せてしまうだけやろう。

未来のことは起きてない。
今が現実で、すべて。
今の自分を全力で喜ばせることが、
数時間後、数日後、数年後の自分を喜ばせることになる。

みんながやりたいことをやりまくったらいいのに。
そしたら日本はめちゃくちゃになるどころか
世界一しあわせな国になるんちゃうかな。

…………

自分を飼い馴らそうとせず、
やりたいようにさせてみる。

CRAZY CHALLENGER JOE

WORDS

12

「不安」を「楽しみ」と表現する。

不安なんて
ささいなチャレンジで
一瞬で消える。

生きていれば、なにかしらの不安があるのは当然や。

ましてや、挑戦にはもれなく〝強い不安〟がついてくる。
不安がない挑戦は、挑戦とは言わない。
だから「不安だから、挑戦しない」はおかしい。
不安はいくら頭で考えてなくそうとしても、
なくなるもんじゃない。

しつこい不安をぶちのめす方法は2つ。
行ったことがない場所に行くか、
「今までの自分」なら、やらなかったことをあえてやるか。
自分でやると決めた小さな挑戦だけが、
不安を自信に変えてくれる。同時に、
人生のおもろさを実感できる。

見たことがない景色を見るために、
おれたちはただ走り続ければいいんや。

走り出す前って、心臓がドキドキするやろ。

それは不安やない。

「よっし！　自分はここに存在する」

挑戦するやつだけが天から与えられる、
生きてる実感っていうやつや。

精神にとっては
自分が想像できないこと、もの、人と
ガンガン出会うことが大事。

それだけで人生は変わる。

ありえないことがバンバン起こり出す。

行動ひとつ変えるだけで、小さな偶然は簡単に起こる。
雨が降って雨宿りしただけで、
同じ目的を持ったやつと出会うことがある。

それは

「もっとすごいヤツになりたい」

っていう心を持ったやつだけが、引き起こせる奇跡や。
そういう小さな奇跡を積み重ねることで、まじで生きててよかった、
っていう自信につながる。

確かに実際に行ってみたり、やってみたら、
苦しむこともあるし、痛い目にあうこともあるよ。

でもそんなもん気にならんくらい、新しい刺激を求めまくれ。

不安という贅肉は、暴れながら削ぎ落とす。

CRAZY CHALLENGER JOE

WORDS 13

判断を“主人公目線”に設定する。

主人公目線で
情報に触れると
やりたくて
たまらないことが増える。

この世に脇役なんていない。面白い出来事がそこら中で起きているのに、他ならぬ自分自身が脇役であっていいわけがない。

本やマンガを読んでいるとき
主人公が取った行動を見て、
その瞬間、おれやったらどうするか？
とか、
筆者の考えを読んで、
おれやったらどうとらえるか、
などと考えていると、自分なりの言葉が湧いてくる。
その言葉をメモっていると、
自分の軸が定まり、やりたいことが増える。

本を読みながらメモっているから、
読み終えるまではめっちゃ時間がかかるし、
読んだ一冊の本に対して、かなりの数のメモ帳が必要になる。
でもそのおかげで、読み終わった頃には次にやりたいこと、
考え方がだいぶ前進していることになる。

おれは読書家やない。
読んでただ知識にしたり、感動するだけよりも、
貪欲に「やること」に落としていった方が読書を楽しめる。
つねに〝プレイヤー〟でありたいんや。

今までの時代、先頭で活躍している人たちは、本を読んだあと
実際にアウトプットできるチャンスやステージが用意されているが、
なにも表現する場をまだ持たない一般人は、
本を読んだら読んだだけやった。

でもいまは違う。
すぐツイッターなりブログなりで、
自分の考えや欲求を発信できる時代やし、
共感する人がフォロワーになってくれたり、
サポートしてくれたり、会いにきてくれたりすることもある。
誰もがそのチャンスを持っているわけやから、
ただぼんやりと流し読みしたりせず、

「自分だったらどうするか？どう考えるか？」

もっと攻撃的にインプットするべきや。

…………

主人公たちの思想を
頭からつま先までむしゃぶり尽くす。

CRAZY CHALLENGER JOE

WORDS 14

“自分を出せた瞬間”を記録する。

本当の自分なんていないから、
好きな自分を
作っていけばいい。

全人類、モチベーション上がりっぱなしの人なんていない。

なんでいつもモチベーション高いのかって？
とんでもない。
モチベーションが、
つねに上がってる人なんて絶対おれへん。
高いままキープ、とかも無理。

撮影のときに無表情で無言、
というのは、もちろんおかしいから、
おれはいつも元気な自分を見せる。
だから、「いつも元気なジョー」に見えているやろうけど
そんなにやる気がないときも、もちろんある。

でもモチベーションが下がったとき
モチベーションを上げるスイッチは持っている。

どういうスイッチか？
人間の脳って単純や。
自分を〝かっこええモード〟に放り込む。
それだけ。
たとえばおれがボクシングをやっていたとき、
面倒くさい、明日走りたくないなと思った時期なんかは、
マンガの『はじめの一歩』を読むことにしていた。
自分の脳を勘違いさせて、
いいイメージを心に染み込ませるためや。
実際、何度も、何度も読んでいるマンガなのに
読み終わった頃には
やっぱり感動してウルウルして

「やっぱ、おれ余裕でプロいけるぞ！」
みたいなモードになっている。
なにをやるにしても、いったん自分をこのモードに入れてから
物事に取り組んだ方が、よっぽどいい結果を出すことができる。

あとは、今日の自分イケてる！　と思ったとき、
「自分のいっちゃんかっこええモード」を
文字で記録しまくっておく。
気分が新鮮なうちに、そういう気分になれた経緯や、
状況や、心情をくわしく残しておけば、
あとでその記録を見返したときに、
そのときのテンションを蘇らせることができる。
そうやそうや、こうやったなって、そのときの自分になれる。

たとえばおれの場合、ベトナムの旅人の聖地といわれ、

人がわんさかおって、バーとか並んでるブイビエン通りという
ストリートで現地の女の子をナンパしたときの
テンションが好き、これはいけてると思った。
そういう瞬間の心情をメモっている。中身は他人に見せられへんが。

それでもダメ。ただ単に頭を使いすぎて、疲れているときもある。
そんなときは、
思い切り休むと決めて、銭湯いって、
湯につかって、なんにも考えないことに集中や。
なんぼ考えても、答えが出えへんときもあるからな。
情報をシャットアウトして、
パンパンになった頭を空っぽにすれば、
またスッキリした視野で、物事を見ることができる。

自分っていう人間は一人じゃない。

いろんな自分が、何千何万というキャラクターが自分の中に存在する。

そのうちの、どれをたくさん見せるかが大事。
他人に対してだけではなく、自分自身に対しても
とても大事。

どこでどんな奇跡的な出会いがあるかわからないから
いつでも、好きな自分であり続けたいもんや。

…………

自分の戦闘服は何着も持っておく。

CRAZY CHALLENGER JOE
WORDS
15

満足しかけている自分を見下す。

現状に満足できなくなった瞬間、
世界はいきなり
面白くなる。

まだまだダメだ、こんなもんじゃない、って、口癖のように自己否定する。

なんで平凡なやつは、なかなか平凡から抜け出せないのに、
成功している人は、どんどん成功していくのか。
彼らの話を聞いたり、観察しているとわかる。
成功する人はみな、ある意味、ポジティブじゃない。
自分の現状に満足していないからや。

自分の理想像が明確にあるからやろう。
だから今回はまだまだやった、
次回はもっとこうしようって工夫をする。

おれがハタチで自分のバーを開店させた頃、
バーには自分のやりたいことを追いかけているやつが

いっぱい集まっていた。

でも振り返ってみれば、
そのときの仲間で今現在、
自分のやりたいことでメシを喰ってるやつはとても少ない。

そのときの仲間たちとしゃべっていると、
気づかされるのは、
みんな、どこかで満足しているということや。
あるやつは就職して、結婚して子どもができて満足している。
あるやつは自分の店を一軒持って、ある程度繁盛して満足している。
いくら稼いで、どこどこに住んで、満足している。

「足ることを知る」はいいことだ、という意見もあるかもしれない。
やけど、おれは全然そう思わへん。

おれが出会った人間はみな、〝満足〟した時点で、面白くなくなってるからだ。

現状維持とか言うてる時点で、すでに後退や。
もちろん、現状に満足したって別にかまへん。
その人の人生はその人のものやし、
それで幸せなら悪いことは言うつもりはないが、
現状に満足していながら、
「最近おもろいことがない」と悩んでいるやつは
救いようがないと思う。

それはこの世がおもんないんじゃなくて
そいつがおもんない、おもしろがろうとしてない。
自分自身がおもろかったら
ずっとおもろい。なに見ても聞いてもおもしろい。

満足しているやつは
自分はだいたいこのレベルの人間だって
到達ラインを勝手に決めているだけ。

自分をもっと満足させてくれることを貪欲に
探し続けていれば、
やりたいことなんて無限にあふれてくる。

欲しくて手に入れたはずのものも
時間が経てば、ただの荷物になっていることがある。

今まで自分が面白さや、
やりがいを感じていたことも、
とっくに荷物になっているかもしれない。
変わるということは、その荷物を捨てることや。
終わりは、お祭り。
思い切っていまの満足を手放したら、
もっとすごい自分が、見れるかもしれへんで。

…………

今の暮らしの満足ぶりを、
頭ごなしにディスりまくる。

CRAZY CHALLENGER JOE

JOE's LIFE STORY

3

終わりについて考えると、
今、目の前のことに熱くなれる。

おれには、じいちゃんがいた。

親父の仕事が忙しいときとか、法事のついでとかに、じいちゃん家に預けられた。

オトンよりも怖くて、厳しいじいちゃんやった。

メシを囲めば、目が合うたびに「いただきますを言え」「食べた皿を片付けろ」などと叱られていた記憶がある。

親戚の集まりのときも、おれはビビリで恥ずかしがり屋やったから、先頭を切ってなにかするのとか嫌やったけど、じいちゃんは「長男なんやから積極的に動け」「リーダーシップを取れ」というようなメッセージを、つねに上座から、腕を組みながらおれに発していた。

じいちゃんが苦手やった。名前を呼ばれるたびに、心臓をつかまれる気分やった。

頭の固い大人の象徴みたいな人やった。

だからじいちゃんが入院したとき、病院の待合室でなにげなく取り出した原付バイクの免許をオトンに見つかったときは、心底おびえた。

じいちゃんは免許を取ることに猛反対やった。知られたらどんな目にあわされるかわからない。

看護師さんに呼ばれて、体を硬直させながら病室に入った。するとそこにいたのはやせ細って別人のようになったじいちゃんだった。
鋭い目つきは弱々しく、威厳はすっかり消えていた。
喉から出た管で、必死に命をつないでいた。
じいちゃんはおれを見ると、枕元のペンを握り、メモ帳に力強くこう書きつけた。

まさ、がんばりや。

それが、じいちゃんの最後の言葉になった。

がんばりやって、すごく抽象的な言葉やった。

やけど、それはじいちゃんがはじめておれにくれた応援の言葉であり、おれがはじめて、じいちゃんのことを知った瞬間やった。
死んじゃって、やっと知ることができた。

あとでオトンから聞いた。

じいちゃんはずっと、おれのことが大好きやった。

おれの話ばっかりしていたんやって。

じいちゃんの人生は終わった。

もちろんじいちゃんだけじゃなく、誰の人生だっていつかは終わる。

そのときがいつ訪れるかはわからない。

何十年か先かもしれないし、たった今かもしれない。

いつ終わるかわからない物語のためにできることはただ一つ、目の前のことを、精一杯がんばることだけや。

じいちゃんの死をきっかけに、おれの人生は劇的に変わった。

じいちゃんは仕事や家族に誇りを持ち、つねに迷いがなく、威厳にあふれる人やった。

じいちゃんがどういう人生を送ってきたのかよく知らん。

やけど、絶対に悔いのない人生だったはずや。

じいちゃん、おれもがんばるわ。
一瞬一瞬、本気でやったるわ。

…………

好きだった人の死を思い、
今できることを本気でやる。

KEEP ON CHALLENGING...

CRAZY CHALLENGER JOE

CHAPTER 4 SURPRISE MYSELF

自分を裏切る

CRAZY CHALLENGER JOE

WORDS 16

不便な環境に身を投じる。

自分を取り巻く
モザイクの存在に気づけば、
先を見たくてたまらなくなる。

人間には旅が必要や。
その土地の情報なんて、ネットで調べればいくらでも出てくるが、
知らない土地に降り立ったときの、あの独特な空気は味わえない。
行った先でどんな人と出会えるかも、ガイドブックには載ってない。
旅といっても、ただ遠くへ行くことが旅ではない。
快適な交通手段を使って、いいホテルに泊まって、うまいものを食って、
きれいなものを見たところで、旅とは言えない。
便利と安全の中で楽しむものはただの旅行や。
旅とは不便から生み出されるものであり、
予測できない事態が起こり、本能が磨かれる過程にこそある。

おれは旅で何度もひどい目にあった。
ケガをしたし、死にかけたりもした。
でも「あんなこと、やらんかったらよかった」と悔やむ旅はない。
どれもおれにとって必要な旅やった。

あんな旅をしたから、出会えた人がいる。見られた景色がある。
困難はいっときのことであり、
それはずっと続く、大きな喜びに必ずつながると、
いまなら心の底から断言できる。

自分の人生は
なんのための人生か。

そんなもんなんぼ頭でわかってもなんにもならへん。
ただ「生きるため」にある。
人生はなんでもありで、
どうなるかわからないからオモロイんやろ。

新しいものに触れ続けることや。
イベントにいく。知らない人と会う。
やったことがないことをする。
自分の作ってきた世界、
常識とは違うなにかに触れることができたら、
心臓というものは高鳴るようにできている。

それは「もっと知りたい！　もっと生きたい！」という本能の叫びや。

…………

レジャーを楽しむ時間を、
新しい冒険のために費やす。

CRAZY CHALLENGER JOE

WORDS

17

生活レベルをあえて低下させる。

なんにも持ってない。
そんな状況でしか
出せないチカラがある。

やりたいことをどんどん試すためには、
見栄や世間体、
いまの生活レベルへのこだわりが邪魔になることがある。

おれは丸2年間ホームレスをしてた。
究極のどうしようもないパターンや。

服はつなぎを着て
冬は革ジャンで寒さをしのぐ。
寝袋をママチャリの荷台にひもでくくりつけ、
前カゴにリュックサックを入れ、
公園で寝泊まりしながらふらふら、
友だちのいるところを移動して、毎晩、飲みにいった。
けっこう酔っ払った翌朝は、
知らない人の家の軒下やガレージの中などで目を覚ました。

起きたらカフェに行った。そのトイレで歯を磨いた。
それでも生きていける。

収入源はこんな感じやった。
路上での人生相談、飲み会の盛り上げ役、
引っ越しの手伝い、イベントの主催、
自費出版で作った本の販売、
似顔絵（ド下手）、
占い（ド下手）、
ビンタ一回100円など、
……路上は人を楽しませることさえできれば、お金がもらえる。
認知度が上がるごとに、友だちが増えて、
依頼が増えて、泊まらせてもらえる場所が増えた。
その経験の中で、いくつか「無くした」ことがある。

・見返りの期待が無くなる。

信頼を集めると返ってくる。
ごちそうになる。泊まらせてもらう。
それだけじゃなくて、誰かのためになったり、誰かを楽しませていると
信頼がＳＮＳを通じてドラゴンボールの元気玉のように集まって
いざというとき、自分のところに一気に飛んでくる。

・他人との心の壁が無くなる。

ずっと外、物理的に壁がない場所に居続けると
他人との間に、心の壁がなくなる。
誰にでも話しかける勇気、みたいなものがいらなくなってしまう。

・所有欲が無くなる。

手荷物だけで生きていると、

必要なものしか持ちたくなくなる。
選べる服よりも、空腹を満たすごはんが大事。
お金も、自分より持ってない人に心から気持ちよく使う。

・時間の不安が無くなる。
ずっと「予定がないこと」に不安があったが
社会から外れ、ホームレスをしていると、
今どうするか？　しか考えられなくなるから、
今をワクワクさせるという選択をするようになった。
現実は今しかない。

・移動の制限が無くなる。
家賃、水道光熱費がかからない。
帰らなきゃという概念がなくなり、
すべての行動が「どこかへ行く」になる。

潜在的な「いつでもどこでも好きなだけ行ける」
という感覚の自由さは他では味わえなかった。

だから「ホームレスをやってみろ」と言いたいわけやない。
大事なことは、

「金と物が無くても、人は笑える」ということ。

ぽんと自分を放り込んでみたらいいんじゃない。
ダメだったら戻ってきても、それくらいの簡単な考えで。
生活レベルの上がったり下がったりに
ビビっている人は多いみたいやけど、
そこはもっと情報に触れてみて、
おもろい人と会いまくって、とらえ方を変えてみてほしい。

この世界にはゴミもいっぱい落っこちてるけど
おもろいもんは、もっといっぱい落ちてるで。

※おれの思い出の拾得物は欲しい人に譲っている。
https://joevlog7.official.ec/
（ジョーブログオフィシャルオンラインストア〝泥棒市〟）

余っている物は人にあげて、
足りない物は人から借りる。

CRAZY CHALLENGER JOE
WORDS
18

不自然な壁はこっち側から破壊する。

誰にでも好かれようとせず、
好きなやつとだけ過ごせば
面白いやつが
集まってくる。

自分という人間は、自分を取り巻く人間に投影される。
だから嫌いなやつ、
しょーもないやつと過ごしていれば知らないうちに、
自分の良さがどんどん殺されてしまうやろう。
おまえの状況は知らんが、人生は好き、または尊敬できる、
と思う人と過ごす時間を、どれだけ増やせるかにかかってる。
できるだけ、好きなやつと同じ時間を過ごす。
それこそが自由であり、若さであり、青春やと思う。

仲間を見つけるコツは、とにかく「好かれなくてもいい」と思うこと。

自分には自分の考えがあり、他人には他人の考えがある。
どちらが正しいというものはなく
違いがあるからこそ、自分の個性が感じられる。

心のこもった反対意見は、自分を具体化してくれる助言や。
それを受け止め、
でも自分はこうすると自分自身の選択をすればええ。

たとえ空気が悪なっても、
いつでも本音をぶつける勇気を持つことを忘れちゃいけない。
そこからじゃないと本当の会話にならない。
空気は読むもんやない。
吸うもんや。

言葉だけは裸で、公然猥褻でいかなあかん。
誰かのためにとか、人のことを気にするよりも、
いかにこの場の自分を楽しませるかを考えろ。

人を楽しませるんは、そこからや。

自分が笑いかけたら、まわりも自然に笑ってしまう。
世界の共通言語は、英語ではなく「ノリ」や。
どんな状況でも、人をなごませよう、笑わせようとする、
愛嬌と勢いさえあれば、どんな場所でも生きていける。

…………

たとえフルチンになっても、
言えることだけを言う。

CRAZY CHALLENGER JOE

WORDS 19

やりたいことは連続的に稼働させる。

複数のプロジェクトを
同時進行させていると
すべてが加速する。

目標を一つにしぼってはいけない。
その目標を達成してしまったら、心が動かなくなるから。

世界一周を目標にしていたやつが、
世界一周から無事に帰ってきたあと、
「完結！」というケースは非常に多い。
そのあと普通の人になる。
たった一回こっきりの冒険を、
うだうだ偉そうに語り続ける老人になりやすい。

おれは
走り続けることを癖にしている。

止まったら面白くない。

ひとつのプロジェクトを進めている間に
次のプロジェクトをいくつも見つけるようにしている。
そしてそれらのプロジェクトを、第一章、第二章とひもづけて、
つなげながら動かせば動かすほど
どうやら一つひとつの達成が早くなるらしい。

昔、なにも考えずに
当時の彼女と沖縄旅行に行ったことがある。
離島で、なんにもない。
ただだっぴろい海と空が広がって
いい感じのゲストハウスがあって、
酒を呑みながら、散歩するようなところだ。
おれはもう2泊目くらいから、どぎまぎしていた。

こんなことではない、もっとやりたいことがある
彼女には悪かったけど、早く帰って、
これしたいあれしたいってモードに入ってしまった。
休みたくなかった。

やりたいことやっているときに、
やりたいことを見つけようと、
ずっとアンテナをはっていれば、
人生なんて簡単に充実させられるはずや。

若いうちに、なるべく早く、
腰をあげないとそのままいってしまう。
はじめは座り、やがて寝転ぶことになる。
休日、一日中家でゴロゴロして、

日が暮れた頃「あーやっちまった」って嘆いてた、
あれになる。

まあ、でも、やらなくてもいいんちゃう？　とも思う。
ＳＮＳにリア充な自分をアピールして
それで満足できてるなら、いいんちゃうん？
やけど、おれは走り続けるで。

…………

その花火が終わってまう前に、
いろんな花火に点火しておく。

CRAZY CHALLENGER JOE

JOE's LIFE STORY

4

非日常の波に飛び込めば、人生の密度は一気に濃くなる。

人との出会いを通じて、自分の世界を広げたい。

19歳の夏、ママチャリに乗って、日本一周の旅に出た。

1日10時間漕ぎ続け、100キロずつ進む旅。

楽勝そうなイメージがあるが、チャリ旅は体力的にも精神的にも非常にきつい。

はじめ軽かった両足もどんどん重くなるし、メシはない、野宿できる場所はあるか？

だんだん真っ暗になる。不安はつねにつきまとった。


小さい頃から、真っ赤な蛍光色のスニーカーを履いたり、いきなりモヒカンにして学校に行ったりして、みんなに笑われるのが好きやった。もっと人と違うことをしたい。もっと目立ちたい。

その延長線上に、日本一周の旅があった。

昔から一人でいる時間は好きやったから、一人になるなんて余裕や、と思っていた。

だが本当に一人になってみると、まわりの存在のありがたみを思い知らされた。

お金もツテもない。生身の体と、チャリと寝袋だけの心細さ。

出発から2日目にして、おれは本当の自分をもう知ってしまったような気がした。

自分の中で新鮮やった。ああおれって、寂しいとか思うんやって。

夜、公園のベンチの上で寝袋にくるまってなかなか寝付けず、やるせない気持ちを持て余していたら、夢うつつの中で誰かがおれの肩を揺らした。

なんや？　恐怖で体が硬直した。

しばらくすると足音が遠ざかったが、ドキドキは止まらへんかった。

ただでさえ暑さで汗まみれの体は、さらに冷や汗でぐっしょりになった。

だが緊張から解き放たれると、旅の疲れが押し寄せ、急激に眠気に襲われた。

翌朝、目が覚めるとなんか様子が違った。

チャリを見たら、荷台に見覚えのないビニール袋がぶら下がっている。

中を見ると紙切れが入っていた。

「旅、がんばってください」

おにぎりと、パンと、栄養ドリンク。

瞬間、おれの顔はくしゃくしゃになった。

カゴにくくりつけた「ママチャリ日本一周」という貧乏くさい看板と、ボロボロになった若者の姿を見て、見知らぬ誰かが差し入れをくれたのやろう。

見知らぬ誰かに、お礼さえ伝えられなかった。

情けない。でもこの瞬間、心の中でなにかが変わった。

おれは泣いていた。

旅なんて寂しくて、苦しいことばっかりや。

でもだからこそ、ふだんよりも何倍も大きな喜びを感じ取ることができるんやって。

宿もメシも観光地も用意されている、快適で楽しい旅行とは違う。

この旅にはちょっとした挑戦も含まれている。

ここまで絶対行ってやると、自分自身を追い込みながら。

9割は苦しさといってもいい。

でもその苦しさは、ちょっとしたやさしさによって全部ひっくり返る。

そして全部、おれの力になる。


めちゃめちゃ急な坂道をのぼっている途中、もうあかんと思ってくじけそうになっても、車の窓から子どもたちの「がんばって！」という声を聞いただけで、単純なものや、まだまだいけると思える。

むこうはたぶんおれの苦しさとか、わかってないと思うねんな。

たとえばずっとメシ食ってないとか、実際の野宿ってめちゃくちゃ暑いとか、寒いとか。

事情はわかってないけど、そういう言葉を自然に投げてくれるという気持ちが、こんなにも自分の力になってくれるということが驚きやった。

うれしい出来事があるたび、おれはいちいちメモに書き留め、力強くチャリを漕ぎ出した。


旅をしていると、他にも力をくれる出会いがたくさんあった。

あるとき、疲れたので適当な空き地で勝手に休んでいたら、民家からいかつい顔をしたおじさんが出てきて、「そこで、なにしとる？　こっちきい」と声をかけられる。

血の気が引いた。

「勝手に入ってごめんなさい！　自転車で旅をしている途中で」

とあわてて弁解したら、「腹減ってない？」とおじさん。

おじさんは、見ず知らずのおれにイノシシ料理を振る舞ってくれるという。

何日もろくなものを食べてなかったおれは歓喜した。

久しぶりの肉にむしゃぶりつきながら、何度もおいしいですおいしいですと言い、そんなおれの姿があまりに懸命すぎたのか、おじさん夫婦はニコニコしながら「いっぱい食べや」と実の息子のようにやさしく接してくれた。

別れ際はおじさん夫婦と抱き合った。そしておじさん自慢のカメラで記念写真を撮った。


またあるときは、どこかに野宿できそうな場所がないか、地元の人にたずねたら、その人「泊めてあげたいけど、うちは泊められない」と言いながら、見ず知らずのおれにわざわざ民宿を取ってくれた。

あまりの親切に、おれはあわてた。

でもどれだけ断っても、その人は引こうとしなかった。

「泊まるところがない君に泊まるところを用意しただけ。親切でもなんでもない」

って、名前も連絡先も告げずに行ってしまった。

見返りを期待しないやさしさ。

おれもこんなふうに、呼吸するみたいに、やさしさを分け与えられるような人間になりたいと思った。


またあるときは、日が落ちてあたりが薄暗くなってきたにもかかわらず、携帯のGPSが反応しなくなり、道に迷って立ち往生していたら、「本道まで戻してあげるよ」と農家のお姉さんから声をかけられた。

でも彼女の車は軽自動車で、おれのチャリをのせることはできなかったから、かわりに心当たりの友だちに電話をして泊まる家を探してくれた。

結局、泊めてくれる家は見つからなかったけど、本道まで丁寧に誘導してくれて、別れ際にはお守りとして1000円カンパしてくれた。

お礼にいつか、お姉さんの畑仕事を手伝いにいくと約束した。


きわめつけは、熊本のとあるスナックに客引きされ、断れずに仕方なく入ったときのこと。

スナックで働く男性と仲良くなり、彼が以前、おれの実家の近くで働いていたことを知った。

まさかと思った。

旅に出る前、友だちから「知り合いが4年前から旅をしている」と聞いていたからだ。

でもまさかの、その彼だったのだ。

彼はヒッチハイクで旅をして、旅費がなくなると現地に住み込みで働き金を貯め、再び旅に出かけるという生活を4年間、続けていたという。乗せてもらった車は600台以上。ヒッチハイクの達人だ。

奇跡の出会いに、おれたちは雄叫びを上げた。

そのスナックの名前は「一期一会」だった。


たくさんの奇跡とやさしさに触れた。

普通にメシを喰って、風呂に入って、布団で眠れる幸せを噛み締めた。

人間として大きく成長できた実感があった。

そうして3ヶ月の旅から大阪に帰ってきて、友だちから言われて驚いたのが「意外と早かったね」というひと言やった。

感覚がズレるというのやろうか。

おれは、友だちと話が合わなくなっていることに気づいた。

理由はすぐにわかった。

友だちは毎日、家と学校、家とバイト先の往復で、基本的に会うメンツも同じ。

一方でおれは毎日、新しい経験と苦難の連続で、いやがおうにも変化し続けた。

おれはまさに浦島太郎状態で、3ヶ月を、2年間分くらい生きたのやろう。

1秒1秒、与えられている時間は平等。

やけど、その濃度は、人によって違う。生き方によって変わる。

なにもしなけりゃただの1秒が、変化をし続ければ、10倍にも100倍にもなるのかもしれない。

出会いと、気づきと、行動。

それによって人生の密度は変わる。

ならば、答えはひとつや。

おれは自分の常識をぶっ飛ばしながら、ぶっとく生き続けたい。
そうすりゃまた３ヶ月後には、今では想像もつかない、さらにもっと面白い、感動あふれる景色が広がってるはずや。

同じことをしない。同じ道を通らない。
スタイルを決めず、ワクワクする方に流れる。

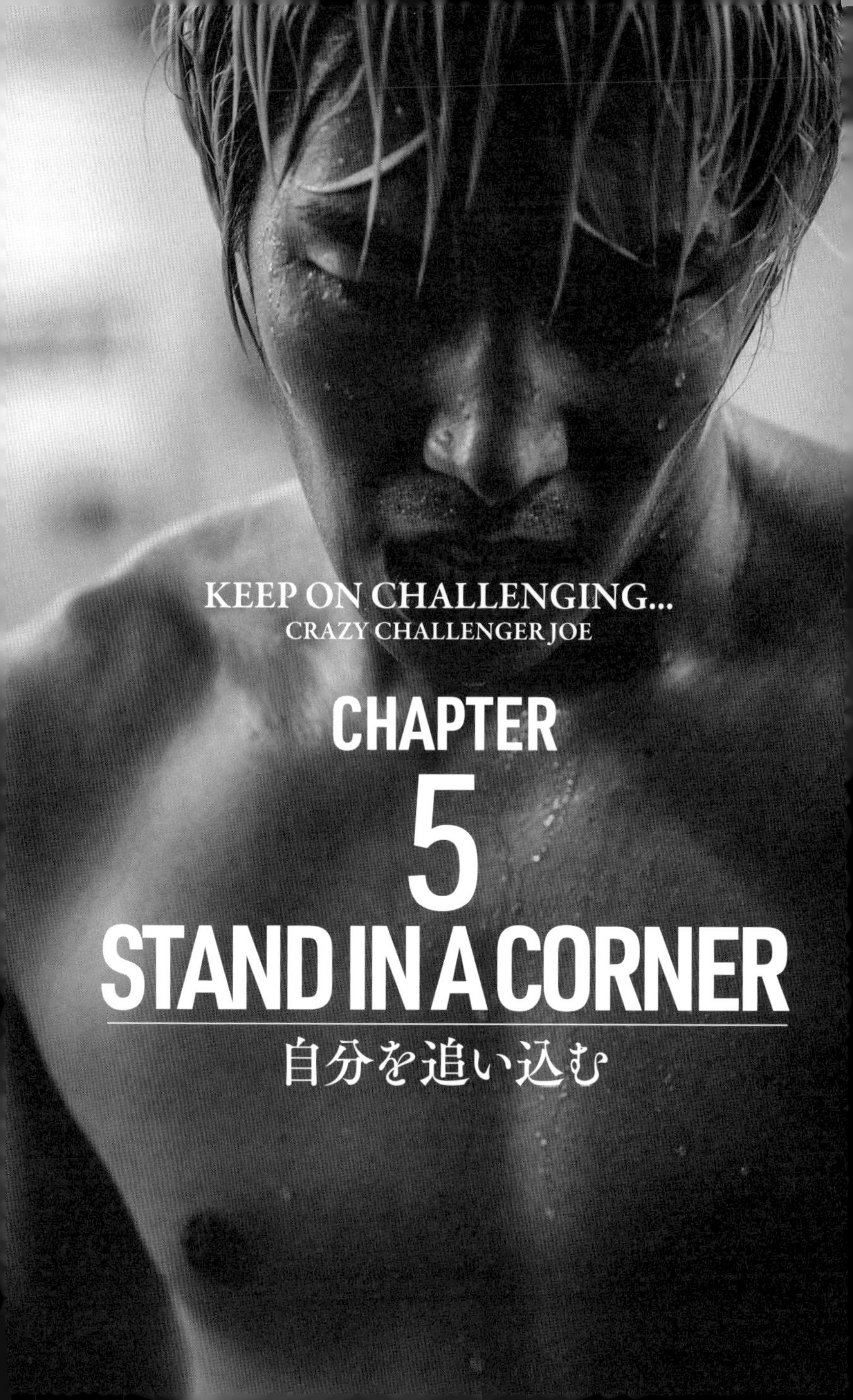

KEEP ON CHALLENGING...
CRAZY CHALLENGER JOE

CHAPTER 5
STAND IN A CORNER
自分を追い込む

CRAZY CHALLENGER JOE

WORDS 20

自分の成功を盲信する。

やらなかったことを、
やるようにすると
自分のことが
さらに好きになる。

ぼく、自分が世界一の人間やと勘違いしてるんです。
なんか「めっちゃカッコイイ」って思ってて、
れっきとしたファンの一人やから、
みんなが無理やと言うことでも、
「ジョーやったら、いけるやろ」って思えてしまう。
大好きなジョーに平凡なことや、カッコ悪いことはさせられない。

簡単にできるとわかってることははじめからやろうとすら思わない。

つまり、おれは自分でもビビるようなことしかさせえへん。
もちろん、おれだってビビって、
直前になって逃げたくなるときもある。
でもビビらへんチャレンジなんてないし、
冒険心と恐怖心はいつも背中合わせで

ワクワクとドキドキはいつもハッピーセットやからな。


おまじないでも、なんでもええ。

「余裕や！　自分なんだから、できるに決まってるやろう」

って心から信じてあげれば、なぜか本当にできてしまうもんや。

なんなら、もししくじったとしても、

「やった」という事実だけで、自信に変えてしまえ。


知らんやつもおるやろう。

チャレンジすると、自分のことをさらに好きになるねん。

そして、もっと他人を信じられるようになるねん。

こんなすごい宝物、そうそう手に入らんで。

自分になにをやらせたいか、
ファン目線でオーダーする。

CRAZY CHALLENGER JOE

WORDS 21

“やらかす自分”を予約する。

バンジージャンプは一人では飛べない。飛ばなければいけない状況を作るしかない。

チャレンジはバンジージャンプ。
ただ息吸って覚悟決めて、飛ぶ。
飛んでもうたらスカッとする。

ただし、おれはクソビビりや。
テンションあがってたらできるけど、
一人だったらわりとナンパもできない。

現場に立ったとたんにビクビクする。
なんやろ、高揚感、緊張感、不安感、ごちゃまぜになる。
ところがそのへんのビビりとちゃうのは
それでもやりたいから、
ビビっても、ちゃんと工夫してやってるってとこや。

どうするか。

どんどん決め事をして、逃げられないように、自分を追い込むようにしてる。

日付と時間を決める。
マネージャーとか、カメラマンの予定をおさえる。
その重要人物と会うっていうアポを入れる。
航空券を取ってしまう。
「まじか取っちゃったわー」とか言いながら、
「やっぱりやめる」という選択肢を、自分で一個一個消していく。

やるしかない状況にしてもうてんから、もうやるしかない。
だから実行にうつす瞬間とかは、
もう本当にバンジージャンプみたいな感じで
よし飛ぶぞ！　うす！　とか言って、
怖いけど飛ぶ。そういう感覚を大事にしている。

人間の本当の力は

「もうやるしかない!」

というピンチに追い込まれた状況に出る。
それはもう絶対の事実なのに、
できそうな気がする日まで、いつも延期しようとするのはなぜや?
いい感じのタイミングを、待っているようではめっちゃ遅い。
時間は待ってくれへん。おれたちには時間がない。
逃げんなや。自分のやりたいことから。
いつまでも限界を感じたくなかったら、自分からピンチを演出し続けろ。

逃げ出したくなる予定は、
逃げ道を破壊しておく。

CRAZY CHALLENGER JOE

WORDS 22

「空気を読まない」を標準にする。

努力を隠すより、
恥ずかしいくらい
努力を見せつけた方が
理解者が現れる。

大切な人に好かれたくて、
尊敬している人にかわいがられたくて、
知らんうちに、自分に無理をすることもあるやろう。

ところがキャラ作りにおいて
好かれて、気に入られて、一目置かれるために
最も重要なことは、なんや？

飾らないことや。
キャラにとらわれないことや。
できるだけそのまんまの自分でいることや。

ほな、
ほんまの自分ってなんやろうって考えたら、
別に、そんなにたいしたもんちゃうやろう。

おれだって、いつも熱いわけちゃうわ。
ふざけてばっかりやし、弱くなるときも、
苦しいときも、寂しいときもある。
趣味は女の子。好きな食べ物はおっぱい。そんなもんや。

そんなもんのまま、
おれはもっと有名になりたい。

売名できるチャンスがあれば、
いくらだって売名したい。

でもおれはテレビタレントになってまで、
認知度をあげようとは思わん。

なぜならスポンサー様の意向や、
出演者同士の空気を気にして、
自分に嘘をつきたくないからや。
まずい料理はまずいと言いたいし、
面白くないことは面白くないと言いたい。
テンション低い日もあるし、寝ぐせがついてる日もあるやろう。
はなくそほじりたいときは、ガーッとほじりたい。

思ったことを、そのまま態度に出して
空気が読めないやつだと思われることを
ビビっているやつはあまりにも多いが、
むしろボロを出しまくった方が、
人から信頼されるし、親近感を持ってもらいやすいに決まってる、
なんていうそんな当たり前で、単純なことが、
どうしてわからなくなってしまうのかが不思議で仕方ない。

自分に嘘をついてもうたら、
その嘘、あとの人生で化けて出てくるで。

今回の人生は、
「自分をどれだけそのまま見せられるか」
おれと勝負しようや。

…………

〝自分らしくない自分〟の出番を
すべてキャンセルする。

CRAZY CHALLENGER JOE

WORDS 23

逆境からの逆転劇を演出する。

悔しい思いをしたから、
今、感動が2倍やねん。

もっとこの人生をまっとうしたいんや。
しわしわなるくらい使い古したいんや。
そんな衝動からはじまって、
勢いでまわりに「やる！」って言っちゃって、
あとでゲロ吐くくらいの不安を抱えながら、やる。
やれば失敗する。
何度も軌道修正するけど、先が見えないこともある。
つらい。

泣くほどつらいから
達成したときの感動は、空も飛べそう。
この景色が見たくておれはまた挑戦する。

苦しい目にあったり、
いやなことが起こるのは人生の醍醐味や。

凹んだり、悩んだり、泣きじゃくれるほど
喜びや感謝の単位がでかくなる。
ずーっと無難に、安定をめざして、
順風満帆に生きてるやつは、この快感を知らずに死んでいくんや。

仲間に迷惑かけたとか、やらかしたとか、
そういう瞬間こそ、大切なことに気づけるチャンス。
人間、弱ってるときが一番、人の大切さに気づく。
そういう意味で、弱さって大事なんやな。

ドン底に落ちたら、さらにそこを掘って
甲子園の砂みたいに持ち帰って、
笑いのネタにすればええ。
失敗や困難は全部ネタや。

面白いことをしようと思えば、必ず壁はくる。
困難は乗り越えるだけじゃない。
ぶっ壊してもええし、下からくぐれるかもしれへん。

考えるんや。

この困難を超絶におもしろおかしくネタに変える方法を。
それができれば、トラブルフェチになれる。

自分でやってみて、壁に当たって、分析して、
また作っていくっていう人生の方がおもろい。

全部ケツふくの自分で、大変やけど、確実におもろい。

なによりおれは
どうせセンスないんやから、やめたら？　とか
一回やってダメやったのになんでまたやるの？　とか
さんざん言うようなダサいやつらみたいになりたくないから、
あきらめへんのや。

…………

自分の背中は、自分の足で蹴飛ばす。

CRAZY CHALLENGER JOE

WORDS 24

自由への地図を描く。

自分でやると決めたことを
挫折するやつは、
いつまでも自由にはなれない。

正直、いまからおれがいったる。
英語いらん、会計いらん、
マーケティングいらん、全部経験で学べる。
やけども勉強は〝必死に取り組む〟という過程で、
学ぶことはめちゃある。
おれはもともと進学校に通ってた。
勉強なんて正直、なんの意味あんねんてめちゃ考えていたが、
あるとき、これはやりたいことを最速で実現する基本なんやと気づいた。
つまり、

うまくいく「傾向」をリサーチする。
効率のいい「やり方」を決める。
無理のない「スケジュール」を組む。
最後に「やる気が続く目標」を立てる。

ちゃんとこの手順さえ踏めば「やりたい」ことを、
「やりたい」という気持ちだけで終わらせず、実現することができる。

おれはできひんことはなにもないと思ってる。
あかんかったら、再チャレンジすればええ。
失敗するのは、練習と工夫が足らんかっただけや。
それでもあかんかったら工夫の仕方が悪い。
もしくは、本番にのぞむ気持ちが弱い。
それでもあかんかったら、ほんまにそれやりたいことなのか、
考え直した方がいい。

やると決意しながら、途中で挫折する人は自由にはなれない。

自由には責任がともなう。
自由を貫くためには、自制心を持って、
その責任をまっとうする覚悟がいる。
責任を持つことで、自由は大きく育つんや。

本気でやりたいときほど、
作戦と反省の鬼と化す。

CRAZY CHALLENGER JOE

JOE's LIFE STORY

5

凡人が奇跡を起こすためには、

「人の3倍の工夫と行動」

をくり返す必要がある。

いつもおれは、簡単な好奇心で物事に突っ込んでみて、根拠のない自信で、なにもわからないまま、ただやってみたいことを試し続けてきた。

でもそのときばかりは、これからとんでもなく苦しい試練が待ち受けていることを、これっぽっちも想像していなかった自分のことを怒鳴りつけてやりたい気分やった。

ＡｂｅｍａＴＶでスタートした「亀田×ジョー　プロボクサーへの道～3ヶ月でデビュー戦～」という番組企画によっておれの生活は一変した。

この番組は「ＡｂｅｍａＴＶ歴史上ＮＯ・１の１４２０万視聴を叩き出した伝説の戦い『亀田興毅に勝ったら１０００万円』の続編！　亀田興毅に戦いを挑んだＹＯＵＴＵＢＥＲ界が生んだ破天荒異端児『ジョー・ブログ』がたった3ヶ月でプロデビューできるかという無茶で非常識なチャレンジをそのまま放映する、リアルドキュメンタリー。なんとトレーナーはかつての敵『亀田興毅』果たしてこの破天荒なチャレンジは成功するのか!?」（ＡｂｅｍａＴＶ番組紹介より）

といったもの。

ネット上ではあっという間に話題になり、応援や批判やアドバイスの声に押されるようにして、どたばたで上京。

引っ越しの荷解きもろくに終わらないうちに練習を開始したが、すぐに不安な気持ちでいっぱいになった。

ウォーミングアップをしただけですでに限界がきていたのだ。

スパーリングでも体力が2ラウンドももたない。あっという間にボコボコにされて、顔中血まみれになる。

おれは根性にはは多少自信があった。南米で餓死しそうになったり、アマゾン川のイカダ下りで転覆したり、何度も死にかけた経験がある。

でもボクシングジムはそのときよりも厳しく、生き地獄とも言える空間だった。

苦しくて、苦しくて、本当に苦しいとしか言いようがない。

毎日ジムに行くまでの道のりは、ブラックバイトの出勤前みたいな気持ちになり、玄関前で何度も深呼吸をし、大声を出して気合を入れないと、中に入る勇気が出なかった。

でも、おれはジムのお客さんやない。

必死に食らいついていかないと、ジムの人たちからまともに相手してもらえない。認めてもらうには、言葉ではなく、とにかく行動で見せるのみである。

おれは亀田興毅さんから与えられたメニューをこなしながら、オリジナルの追加メニューも組み込み、自分を追い込んでいった。

目の前に何度も、しつこく立ちはだかる「もうダメだろ」「ここが限界だろ」と弱音を吐く自分は、最強の敵だ。

どうすれば、その自分を倒せるか?

欲望を断ち切り、精神を研ぎ澄まさないといけない。

すると自分の中からつねにあふれていた、ふざけたり、バカなことをして「人を笑わせて、楽しませたい」という気持ちが薄れていき、真面目な侍のような気持ちになっていった。

切り替えがうまくできない。

視聴者たちから「ジョーらしくない。変わったね」と心配された。

1回目のプロテストでは、結果は不合格。


短期間でプロになるなんて、甘いのはわかっていた。

でも亀田一家の看板を背負い、何百万人という視聴者に合格を誓い、数え切れない人の応援を背中で受けながらの「不合格」は、完全におれの心の許容範囲を超えた。

悔しかったが、涙すら出なかった。


不合格の通知を受けた晩、おれはチャリに乗って近所を徘徊した。

誰かと一緒にいると、無理やり笑顔を作ってしまう気がしたから。

人気のない夜道を徘徊しながら、おれはぐるぐる考えをめぐらせた。


このままじゃ終われない。どうしたらええんや。

もっかいやって無理やったらどうしよう。どうしようもない。

そのとき、ふとわれに返った。

おれは亀田一家をはじめとする偉大な人たちと過ごしているうちに、大きな、大きな勘違いをするようになっていた。

いつからや。

いつからおれは「うまくできる」なんて思うようになったんや。

いつから「自分には才能がある」なんて勘違いするようになったんや。

「才能がない」からこそのおれやろ。

才能がないからこそ、人の3倍考えて、人の3倍努力する。

凡人やとわかってるから、人よりもやるしかないってわかってる。

〝いつでも、どんなときでも全力〟

っていうのが、おまえのめざしてる生き方やろ。

当たり前やった。

ボクシングだけではなく、なにをやらせても、1回やってすぐぱっと、簡単にできたことがない普通の人間なんやから、落ち込んでること自体おかしいんやと。

悔しさをバネにして、やれるところまでとことんやる。
凡人がチャンスをものにするには、それしかないねんから。

足りない部分があった。
やり方がまずい部分があった。
本番までのモチベーションが保てなかった。
そういった、反省材料をガソリンにして、おれは前に進むしかない。
じゃないと自分を否定しはじめ、自分が自分じゃなくなるから。

亀田一家をはじめ、まわりに迷惑をかけるかもしれない。
期待してくれている視聴者たちをまた裏切ってしまうかもしれない。
でもそう思いつめれば思いつめるほど、プロライセンスというものがおれにとって、
どんなものよりも手にしたい、欲望のシンボルになった。

…………

自分ならばできる。
だが「簡単にできる」と思う精神はぶん殴る。

KEEP ON CHALLENGING...
CRAZY CHALLENGER JOE

CHAPTER 6 I LOVE MYSELF

自分を愛する

CRAZY CHALLENGER JOE

WORDS 25

欲望の力は熱いうちに使い切る。

当たって砕けろっていうけど
ほんまに
「砕けてもええ！」
って潔く思って突っ込んだら
だいたいええ結果になる。

なんでか？　知るか！

誰でも生きていれば、知識や経験がついてくる。
若いときのような突破的な意識や、
行動力は次第になくなってくるやろう。
やりたいことには賞味期限、消費期限があり、
その期限すぎたらやらなくなったり、
落ち着いちゃったりする。
だから、ダッシュできるときにしまくる。

ごちゃごちゃ考えるな。
やらなきゃ、なんも言えん。
やればわかる。やってみろや。
その先に全部あるわ。

やってみたいと感じたことは、ただちに行動にうつさなければ、
自分っていうものは、あっという間にどっかいってしまうねん。
やめとこうとか、我慢しようとか、生ゴミ以下の感情やで。

今しかできひんことを、今やれ。
次はもうないと思え。

年齢なんて気にしてたら、いつまでたっても一緒や。
早よやらな、人生くさってまう。
おれはハゲてもチャレンジするで。
思い出は、たった今から作るつもりや。

…………

いま心に浮かんだことを、いまやる。
それを訓練だと思い、寝るまで続けてみる。

CRAZY CHALLENGER JOE

WORDS 26

知らない道を見つけたら無条件に進む。

スリルのない人生なんて
なにが楽しい?

知らないことが一番怖いで。

人と違うことをして、
目立つようなことをして、
痛い目にあうのが怖い。
そう思ってビビっているやつに真っ先に言いたいのだが、

知りたいのに知ろうともせず、
そこに立っているだけの自分が一番怖い。
真実はそこにあるのに、行こうとしない自分が一番怖い。

ここから先がどうなっているのか、
行ってみないとわからないから、
とりあえず歩いていこう、という子どもの頃の精神は
どこにいってしまったんや？

誰もやったことがないことを
やらかせば、
そりゃ痛い目にあうことはあるやろう。

でも
今回は痛かったし、
とことん凹んだが、死ななかった。
おっしゃ！　またもっかい思いっきり笑って
はじめからやってみよう。

それで、ええやんか。

おれだってビビるわ。

規模の大きい相手に挑むときに、ビビらんやつなんてこの世におらんやろう。

自分にとって初のことで、
世間にとって新しいことで、

おれが元プロボクサーの亀田興毅さんと
リングの上で戦うことになったとき、
試合の直前まで、
まったく生きている心地がしなかったわ。

はじめは、
元ホームレスで

ユーチューバーであるおれなんかが
あんな元3階級制覇のものすごい人と
拳を交えられるという幸運に興奮しまくっていた。
でもいざガウンを羽織って、
たくさんの応援や罵声を受けながら
リングの舞台袖までやってきたとき、
ふと気づいた。
うわ、おれいまからボコボコにされるんや
って。
どうやっても勝てるわけないって。
ブランクがあるとは言え、
つい最近まで世界王者だった人やぞ。
おれなんてもう何年も、運動すらしてないんやぞ。
そう気づいてしまったら
怖くて、泣きそうで、

急にひざから崩れ落ちそうになった。

けど信じるしかない。

もう後がない。
ここからがおれの力の見せ所や。
逆境から這い上がる方が絶対カッコええ。
人を感動させられるのは、おれが勇気を振り絞って立ち上がるときや。
なによりもおれが最高やって思う仲間が
ずっとおれについてきてくれている。
そんなおれが最高じゃないわけがないやんけ。
そう自分に言い聞かせて向かっていった。

試合には負けたが、

おれは最高の気分やった。

試合後、
日本全国から想像を絶する反響をもらい、
おれの人生はさらに面白くなった。

挑戦とはなんや。
おれは思う。
われを忘れて無我夢中になれる、
めっちゃ楽しい遊びなんやって。

…………

知らないことではなく、
知ろうとしないことを恥だと思う。

CRAZY CHALLENGER JOE

WORDS 27

一人でも多くの人に売名する。

「名前を売ろう」と決めると、行動が超シンプルになる。

おれはお金よりも知名度が欲しい。

有名になりたいか？　お金持ちになりたいか？
という究極の選択を迫られた場合、

もちろん大事だから
お金のこともめちゃ考えるけれど、
たとえいつもお金がなかったとしても、
おれは、おれ自身の姿かたちを、有名にしていきたい。
なぜか？
見られたい。認められたい。
できるだけ多くの人に、ジョーという映画を見てほしい。
承認欲求は、誰しもが持ってるやろう。
それだけやない。
有名人を見てみぃ。

かの歌手とか、かのCEOとかが「おはよう」みたいなことをつぶやくだけで、いいねがリプがリツイートが、ものすごいことになる。

なんで？

自分よりしょうもないこと言ってるのに。

それはそう。

世の中は
「なにを言うかより、誰が言うか？」
「なにをするかより、誰がするか？」で回ってる。

同じことをしても有名、無名では価値がまったく違う、
という事実から目をそらしてほしくない。

〝売名行為〟なんて大げさなもんやなくていい。

ただ、誰でも名前を売ることができて、

誰とでもつながれるこの時代では、たとえ控えめな人であっても、
一人でも多くの人に自分の名前を知ってもらう、
という心がけは持ってもいいと思う。
その方が、ぜったい人生楽しくなる。
友だちも、できることも増えて、
だんだん、すごい人とも話せるようになる。

どうすれば名前を売れる？

それは簡単。
なにをやらかすにしても、

「どうすれば、人から注目されるか？」

という視点を持つことや。

たとえば、ただ旅行をしても、有名にはならない。
ぶっ飛んだ交通手段、ぶっ飛んだ服装、ぶっ飛んだ旅費……。
考えられる設定はいくらでもある。
設定がぶっ飛んでいればいるほど、与えるすごみと感動が高まる。
見知らぬ誰かが、おれの行動を見て、どこかで笑ってる、感動してる。
そう思った瞬間、「自分、いけてるな」と心底思えるで。

もちろん、出るクイを打とうとするやつも出てくるが、
みんなを喜ばせることとさえ考えていれば、
必ず最後は応援のチカラが勝つ。
出すぎたクイは、シンデレラボーイや。

………

有名になる日を待たず、売名行為の猿になる。

CRAZY CHALLENGER JOE

WORDS 28

出会った人々の人生をすべて自分の力に変える。

誰になんといわれようが
自分の人生楽しむんが、
一番の社会貢献。

小さい頃から漠然と有名になりたいと思ってた。

おれの両親は離婚してる。
幼稚園児のときに、オカンがいなくなり、親父に育てられた。
離婚したときのこともよく覚えてる。
その晩、親同士がわーっと口喧嘩してた光景が目に焼き付いている。
その次の日からオカンがおらんくなった。

中学生になったくらいから親父の彼女みたいな人を、
「友だちや」って紹介されて、
一緒にユニバ（ＵＳＪ）行ったりしていたが、
ある日、突然「この人がお母さんや」って言われた。

でもおれの記憶の中にはずっと、おれを産んでくれたオカンがいた。
小学校低学年くらいまではそのオカンにちょくちょく会えたが、
親父に彼女できたあたりから、無理やり離されてしまった。
今と違ってＳＮＳとかない時代。
家も引っ越して、ＳＮＳ、電話番号も変わって、一切会えない状況になった。

母方のじいちゃんばあちゃんの家が広島にあり、
毎年夏休みに遊びに行かせてもらっていたが、それも遮断された。
急やった、それが。
親の都合、大人の都合でオカンから離された。
なんでやねんって。
おれ、泣いて。

さびしくて、しゃーなくて。
その日から友だちの目が気になったり、

ひと言も口をきけへんことがあった。
孤独感がつらくて、つらくて、あるときこう考えた。

絶対に有名になろう。

有名になったら、すごい有名になったら、
おれを産んでくれたそのお母さんに
自分は元気やぞ、おれはこんだけ生き生きと生きてるぞ、
って伝えられると思ったから。

ボクシングをはじめたきっかけもそう。
プロになって大きな試合とかに出場できたら、
オカンに知ってもらえるんじゃないかっていう
期待が根本にあった。

その願いは、ボクシングではなかったが、
世間に名前を売り込みまくっている途中で、
叶えることができた。

おれはバーをやっていた。
お客さんをSNSで集めていたバーなので、
ツイッターのフォロワー数が増えるとともに、
お客さんの数も売上も増えていった。
だんだんジョーという名前が知れて、
フリの客のいない店が毎晩満席になってきた頃、
バーで開くイベントの告知をしたら、
オカンからメッセージがきたんや。

楽しい日々に、突然現れてごめんなさい。
あなたを置いて出ていってしまって、

大変な苦労をさせてしまって、本当に本当にごめんなさい。
一日も、あなたのことを忘れたことはないです。
健康で生きていてくれてありがとう。
もし叶うのなら、会いたいです。

いろんな思いがあふれた。

でも即答した。

産んでくれたおかげでいま、
人生がすごく楽しいです。
苦労したなんて、全然思ってないです。

オカンはイベントにきてくれて、
イベントの最後におれはこうしめくくった。

だいたいの人は、オトンとオカン、ひとりずつだと思う。
おれには、ふたりの母さんがいる。

暗い話やない。
実は今日、夢が叶った。
ずっと会いたい人に会えました。
オカンはふたりいた。
だから新しい兄弟にも会えた。
そしておれの人生が2倍楽しいのは、
オカンがふたりだからやって、わかった。

店内は暗かった。
やけどオカンの顔ははっきり見えた。
笑顔で、涙を流しながら、ずっと手を叩いてた。

オカンとはその後つながった。
オカンだけやない。
みんなとつながり、みんなを喜ばせたいというのが、
すべての行動の根っこにある。

どうしたらそうなれるのかは正直わからん。

でもやりたいことに向かって、
まっしぐらに走っているやつは、
ジャンルを問わず無条件に応援したくなるやろう。
だからおれも、そんなふうにずばんとストレートに生きたい。

弱い自分も包み隠さずさらけだしても、とんでもないことをやらかして、
みんなに元気をあげて、笑いをあげて、

おれがただ生きてることで、みんなの力になれるような、
そういう人間であり続けたい。

みんながんばってる。
おれは知ってる。
だからこそおれもがんばる。
まだまだいくでおれは。
見とけやおまえら。

出会うべき人と出会うために、
命を燃やしまくる。

CRAZY CHALLENGER JOE

JOE's LIFE STORY
6

自分のストーリーは、
どこからどこに
つながっていくかわからない。

2度目の挑戦でプロテストに合格したことは、おれの今までの人生からすると、なによりもうれしい瞬間だった。

ジムの壁に貼り出された紙を見た瞬間、人生一番の声で叫んだのを覚えている。


でも喜びとともに勢いで口から出た言葉が、

「デビュー戦やりたいです」

だった。


言った瞬間に大きな責任が押し寄せてくる。


密着番組はプロテスト合格とともに終了。

もうＡｂｅｍａＴＶはいない。

自分の力でなんとかするしかない。

まとまった練習時間を作るため、

東南アジアに2週間ほど出張し、動画を20本くらい撮影したあと、練習を再開。

ボクシングの世界戦や映画を見て、ユーチューバーからボクサーへ気持ちを切り替えた。


デビュー戦は、プロテストの倍の4ラウンドで、8オンスのグローブにヘッドギアなし。

スパーリングの経験もろくになく、2ラウンドでも息切れするおれの対戦相手は、プロのリングで5戦のキャリアがあるという。


ジムのトレーナーにおれの勝率をたずねると、

「2割ぐらいじゃないかな」

という。

「でも、どこかの噛ませ犬とやるより評価されるから」

マッチメイクしてくれたマネージャーさんが、不安になっているおれにそう言った。

やるしかない。今さら後ろなんか向いてられへん。

おれはあの亀田興毅さんと戦ったんや。

負けることより、挑戦しないことの方が怖い。


プロの試練、減量開始。

朝はバナナ1本食べて10キロ走る。

昼はお粥。夜は野菜だけの鍋を腹7分目くらい食べる。

減量最後の時期は食事も水も抜き、汗を出す。

しんどかったが、過去にアメリカ無一文横断、南米無一文縦断などで、近い経験をしていたので耐えられた。


53・3キロで計量パスしたあと、おれは食べたい物を食べ倒そうと、焼き肉、冷麺、ビビンバ、しゃぶしゃぶと平らげ、1日で体重が5キロもリバウンド。

こんなに食べて動けるのかとも思ったけど、おれの元気とパワーは、どんどん増していくのを実感した。

試合の前の晩は、身も心も満腹でぐっすり眠った。

試合当日、会場にはおれの家族や友だち、ジョーブログのファンなど、たくさんの人が応援にきてくれていた。

舞台裏のおれは、プレッシャーでガチガチになるかと思った。ところが、気分は試合前とは思えないほど、自分でも驚くくらい落ち着いていて、晴れやかな気持ちだった。


できる限りのことはやった。

あとはもう全力でやるだけ。

練習でのモチベーションが試合に直結しているのが肌でわかる。

おれの登場曲「挑戦」が流れると同時に、舞台袖が開く。

聞いたことのないような、とんでもない歓声に包まれ、心が躍った。

実はこの時点でもう「挑戦してよかった」と心から思っていた。

こんなにも自分が愛されてるなんて。
おれは孤独と戦ってたんじゃないんやな。

またたく間に、自分がとてつもなく大きななにかに守られているような気がした。

「ありがとう。ほんまにありがとう」
そうつぶやいた。
そしておれはゆっくりとリングに上がり、ゴングが鳴った。

不思議と視界は広く、頭は冴えていた。

割れるような大声援の中、セコンドからの亀田興毅さんの声、史郎さんの声、協栄ジムのトレーナーの声、親父の声、大好きな友だちの声がはっきり聞こえた。

自分を客観的に見られていた。


きっと楽しかったんだろう。

1ラウンドが終わると、思わず笑みがあふれた。

セコンドに帰った瞬間、興毅さんやトレーナー陣の表情で1ラウンドを勝ちとれたことがわかった。

焦らず指示を聞き、頭に組み込んで挑んだ2ラウンド目では、はじめてダウンを奪った。

とっさのことすぎて、なにが起きたのかわからなかったので、これには驚いた。

倒そうと思って打ったパンチというより、離れぎわにすっと放ったパンチだった。

ラッシュをかけようかとも思ったが、

「焦るな！　無理にいかんでええ」という声が聞こえたので、無理に追わなかった。

この指示のおかげで、３ラウンド目も冷静にボクシングができた。

いよいよ最終ラウンド。

ダウンをとった分、ポイントでは有利なのは確実だから、相手は必ず、おれのことを全力で倒しにくる。

思った通り、激しい打ち合いとなり、会場全体がヒートアップしていくのがわかった。

相手のパンチが何発も当たった。体も重くなった。

体力も限界だったが、気持ちは一切死んでいない。

もっと出し切りたい。

ここで全部出さな後悔する。

「最後やー！　いけー！」どこからか聞こえ、

（本当にこれで終わりなんや）

と最後の力を振り絞って、一心不乱にパンチを打ち込んだ。

終了のゴングが鳴ると、おれはリングのコーナーに駆け上がり、まだ勝敗も決まってないのに、力の限り叫んだ！

勝敗やなかった。

デビュー戦で引退することは決めている。

最後の試合で、全力を出し切れたことがうれしかったんや。

でも、

「勝者！　赤コーナージョーブログ選手」

というアナウンスを聞いた瞬間おれは感極まって興毅さんに飛びついてしまった。

ありがとうございます。ありがとうございます。

って、ずっと言ってた。

会場は大歓声に包まれ、

「ジョー、ありがとう！」っていう言葉の嵐を受けた。

ほんまおかしいわ。

おれが、ありがとうやわ。

こんなに幸せな瞬間があるやろか。

舞台裏に戻って、シャワーに入る直前、マネージャーから改めて、祝いの言葉をかけられ、これですべて終わったんやなと実感すると同時に、うれしさにこらえきれなくなって、２人で吹き出してしまった。

幸せを通り越したら、人って爆笑してまうねんな。

こうして、おれのデビュー戦&引退試合は最高な形で幕を閉じた。

マジで挑戦してよかった。

また自分自身、成長することができた。

振り返れば、苦しいことや葛藤もあったけど、それがなかったら、こんなにも感動できひんかった。

すべてひっくるめて、最高やったわ！

必死でボクシングをしたこの日々はおれにとっては一生の思い出であり、財産であり作品や。

この上ない記念品が、おれの人生に組み込まれた。

出発点はなんだ？

すべては「亀田興毅に勝ったら1000万円」というプロジェクトに、ほんの軽い気持ちで応募したことからはじまっている。

自分のストーリーは、どこからどこにつながっていくかわからない。
だから面白い。

この先の人生にとんでもない出会いとドラマが生まれる可能性があるかもしれない。

なんか興味あること、気になることに、どんどん顔を突っ込んでみてほしい。
人生は楽しむためにあるねんから。

…………

デタラメに、がむしゃらに、思うがままに、
自分という物語を遊び尽くす。

いま　俺はかっこええ自分でいれてるか
いま　俺は昨日より進んでるか
いま　俺は走ってるか
生きてると　いえるか

自分に　嘘をつきたくはない
ここで　やめたら
自分じゃなくなる　気がするんや
いまの自分を変えたいと　だから
この苦しみを　乗り越えて
やりたいことが　あるんや
諦められへんことが　あるんや

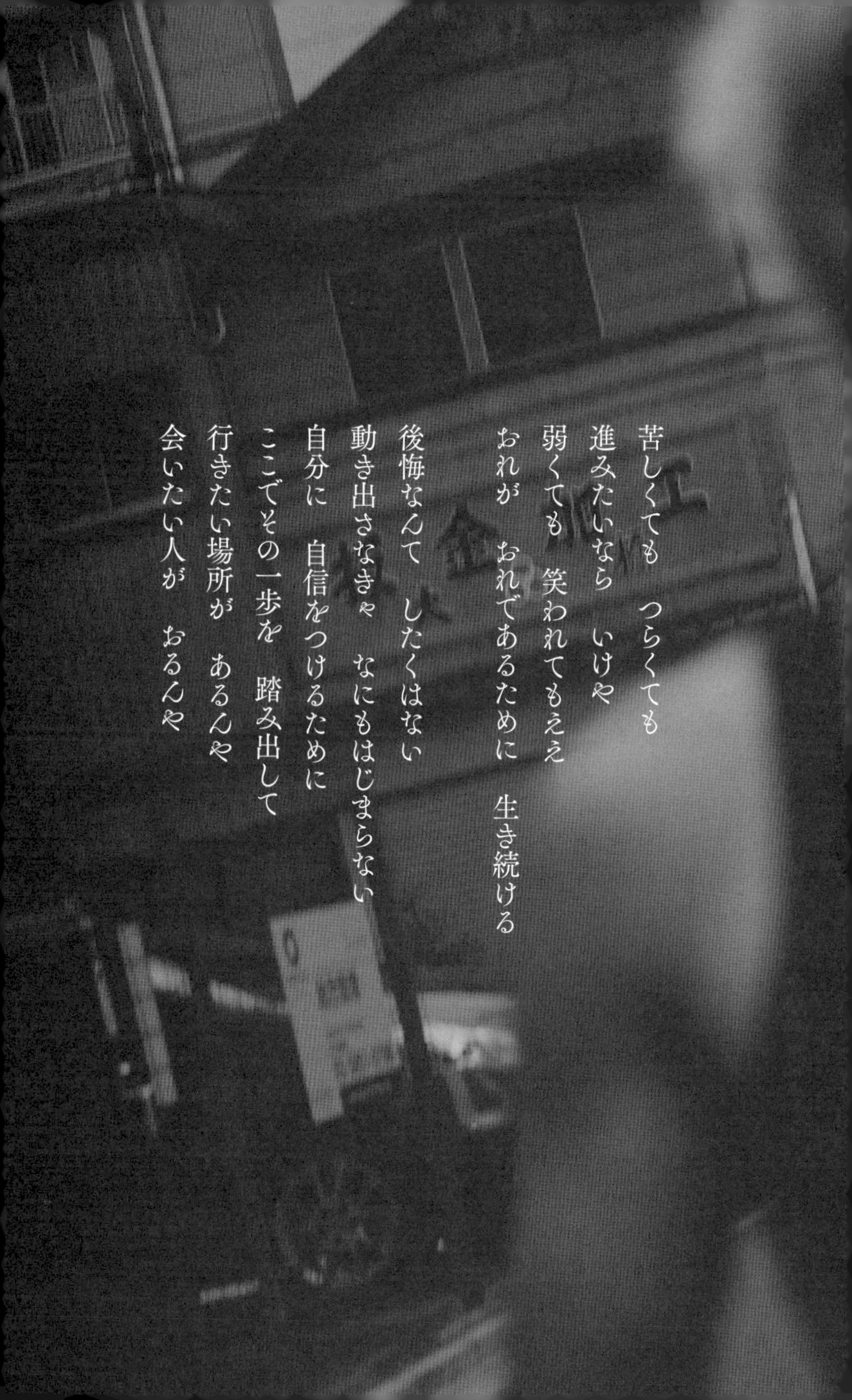

苦しくても　つらくても
進みたいなら　いけや
弱くても　笑われてもええ
おれが　おれであるために　生き続ける

後悔なんて　したくはない
動き出さなきゃ　なにもはじまらない
自分に　自信をつけるために
ここでその一歩を　踏み出して
行きたい場所が　あるんや
会いたい人が　おるんや

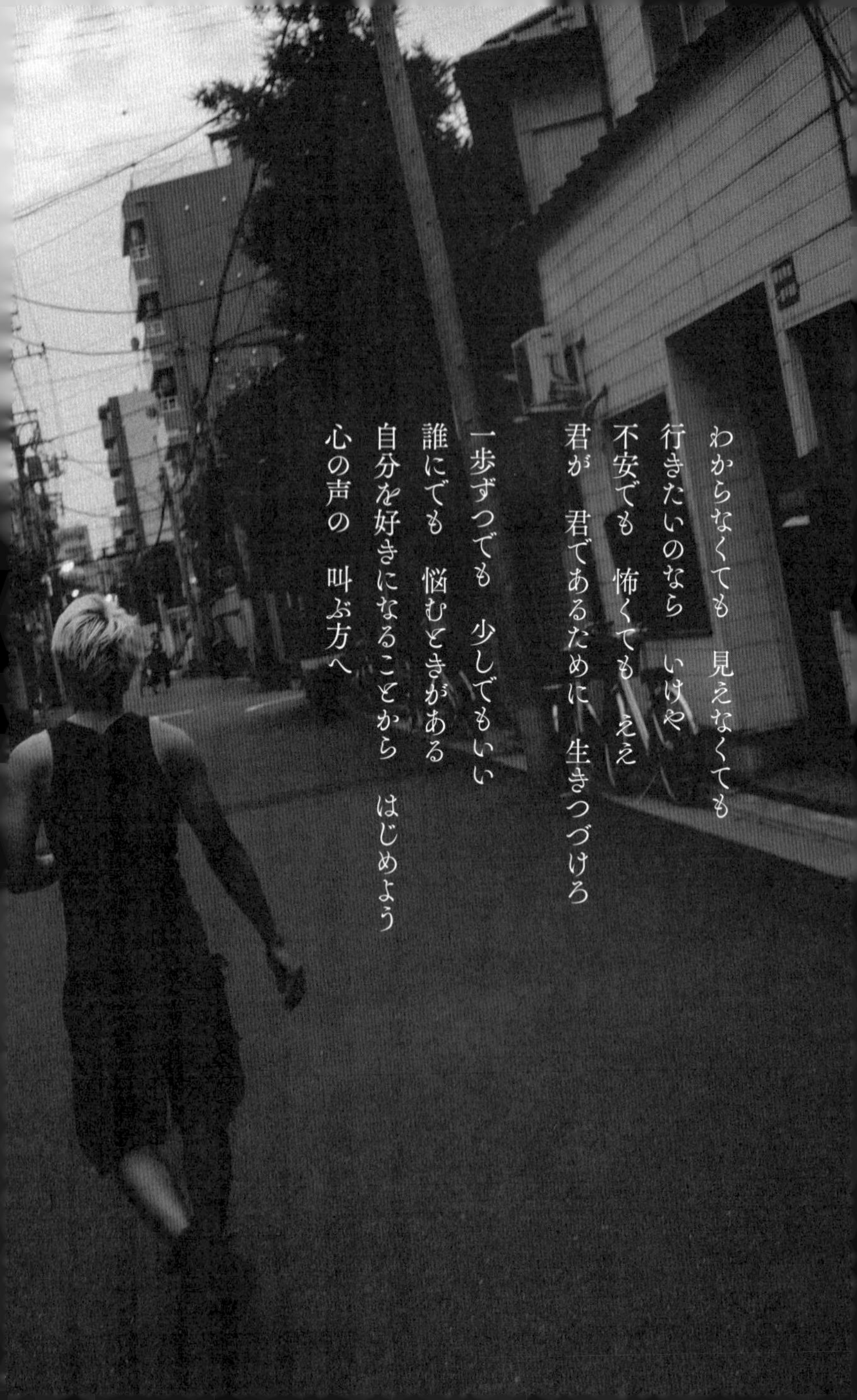

わからなくても　見えなくても
行きたいのなら　いけや
不安でも　怖くても　ええ
君が　君であるために　生きつづけろ

一歩ずつでも　少しでもいい
誰にでも　悩むときがある
自分を好きになることから　はじめよう
心の声の　叫ぶ方へ

苦しくても　つらくても
進みたいなら　いけや
弱くても　笑われてもええ
おれが　おれであるために　生き続ける

――『挑戦』作詞 ジョー

著者経歴

ジョーブログ
JOE VLOG

ジョー

YouTube〝ジョーブログ【CRAZY CHALLENGER】〟のリーダー。

“クレージーチャレンジ”をテーマに「所持金０円で冬のアメリカ大陸を横断」「南米をバイクとヒッチハイクで縦断」「アマゾンをイカダで川下り」「危険なスラム街・麻薬密売組織に潜入」「右翼街宣車に突撃取材」などといった常識外れなチャレンジに挑み続け、日本全国のファンを勇気づけている。

2017年５月には、AbemaTV1周年企画「亀田興毅に勝ったら1000万円」で3000人の中からオーディションに合格。元３階級王者に対して白熱した戦いを見せ、1420万人の視聴者に大きな感動を与えた。

この企画をきっかけにAbemaTVの「亀田×ジョー　プロボクサーへの道〜３ヶ月でデビュー戦〜」というプロジェクトが始動。宣言通り３ヶ月でボクシングのプロテストに合格し、2018年元日に行われたデビュー戦では見事勝利をおさめた。

瞬発力の高め方

2018年3月15日 初版発行

著　　ジョーブログ　ジョー

デザイン　井上新八
営業　市川聡／吉田大典（サンクチュアリ出版）
広報　岩田梨恵子（サンクチュアリ出版）
編集　橋本圭右（サンクチュアリ出版）

写真　タカハシアキラ／iStockphoto（P8-9、12-19、22-25、30-31）
特別協力　元木凌矢（ジョーブログ　ディレクター）
文字起こし　小林亘、ねりな（高橋秀教）、青木優子、西あやこ、塩満ひとみ、
糸井優和、高谷慎太郎

発行者　鶴巻謙介
発行所　サンクチュアリ出版
〒113-0023 東京都 文京区 向丘 2-14-9
TEL03-5834-2507 FAX03-5834-2508
http://www.sanctuarybooks.jp
info@sanctuarybooks.jp

印刷・製本　萩原印刷株式会社

ISBN978-4-8014-0049-8